「また、あなたに頼みたい」と言われる提案のしかた

株式会社シンクジャム

吉澤浩一郎

山口華乃

石井香帆

CROSSMEDIA PUBLISHING

はじめに

「コンペさせない」ための提案

総購入額が高く、意思決定者の多いB2Bの営業ではコンペティションで勝たなければ受注できない場面が多々あります。数社であればまだしも、10社近くのコンペが行われることもしばしば。

これまでお付き合いのなかった業界との取引拡大や大型案件受注のためには、コンペを正攻法で勝つことはもちろん大事です。一方で、コンペでは短時間でこれまでにない企画を立案し、具体的施策をわかりやすくまとめるために、集中的な先行投資を必要とします。また、競合する社数によって勝率が下がる可能性もあるため、本来コンペをさせないで受注に結び付けたいというのが営業担当者のホンネでしょう。

ノーコンペにするためには、クライアントがまだコンペの準備ができていない段階でタイミング良く自主的に提案していくことが必要である……ということは、誰しもわかっていますが、なかなか思い通りに提案ができないという声をよく耳にします。

「提案」で行き詰まる若手ビジネスパーソンは、87・5%

B2Bのコンサルティング型営業や他社への企画支援業務をしている20~30代のビジネスパーソンにアンケートをとったところ、87・5%の人が、「提案においで何らかのかたちで行き詰まったことがある」と回答しています。特にこちらから率先して行う自主的な提案について悩んでいる方は、80・9%ほどいらっしゃいました。

本書は、このように「提案」について悩みをもつコンサルティング型営業スタッフや他社に対して企画の提案をされているプランニングスタッフ——その中でも、特に「若手」と呼ばれる方々に何らかの解決の糸口をつかんでいただくためにまとめました。さらに、

20・30代のビジネスパーソンへの提案に関するアンケート

クライアントへの提案内容を考えたり、提案書を作成するときに悩んだり、
行き詰まったりすることがありますか？

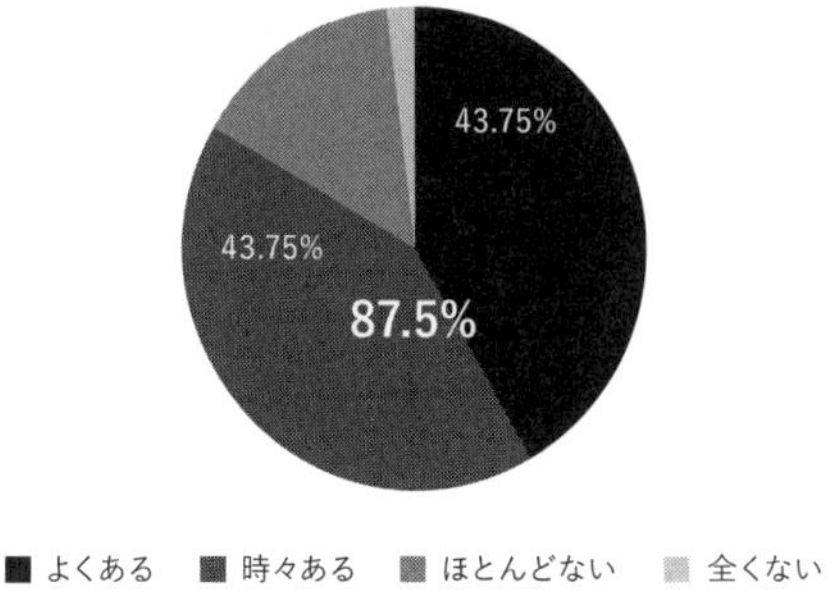

株式会社シンクジャム「提案に関するビジネスパーソン調査」（2023年12月）
有効回答数N＝48名（B2Bの営業業務や他社に対して企画業務を行う方のみ。20代・30代）

副次的な理由が2つあります、1つは、採用活動において「なぜ、シンクジャムさんは、売るモノがない小さな会社なのに、大手企業と長く取引ができているのか？」とよく聞かれるため、その秘訣をご紹介する機会にもなると考えたからです。

また、コンペで勝つノウハウや新規アポ取り方法、ＢＡＮＴ情報を聞き出す方法、クロージング術などが書かれた書籍は目にしますが、提案方法やその中身にフォーカスしたものは、あまり見当たりませんでした。提案を通じて顧客満足度を上げられる人ほど評価が高くなる当社の提案スタイルを整理し、「自主的に提案する」価値があるのでは？　と考

えたのが2つ目の理由です。

まだ「提案」に慣れていない人は、後編からお読みください

本書は、前編「提案のしかた（コンサルティング営業に求められる提案のアプローチ方法）」と後編「提案思考のフレームワーク（プランニングフロー）」に分かれています。前編は、提案をパターン分けし、それぞれの提案のポイントをまとめたもので、営業や企画の経験年次が3〜8年目くらいの人向けの内容になっています。「提案書の書き方や流れの全体像は理解しているが、自分の考えた提案が思うようにお客様に刺さらない」と悩んでいる方は、前編に目を通していただけると、何かヒントが得られるかもしれません。

後編は、提案かコンペティションかを問わず、提案そのものの考え方の流れをまとめたものです。こちらは、経験年次が比較的浅い人向けの内容となっています。「そもそも、提案書はどのようにつくられるの？」という方は、後編で全体像をつかむところから始めていただくことをおすすめします。

本書の構造

前編

提案のしかた
（コンサルティング営業4つのアプローチ方法）

	データがない	データがある
課題（感）不明	❶ 聞き出し提案	❷ 気づかせ提案
課題（感）把握	❸ シナリオ提案	❹ 推進提案

▲ 部分的に活用する

後編

プランニングフロー
（提案思考のフレームワーク）

与件の整理 ▶	基礎情報収集と理解 ▶	問題抽出 ▶	原因推定 ▶	課題設定 ▶	施策策定 ▶	アクションプラン策定 ▶	予算設計 ▶	効果予測

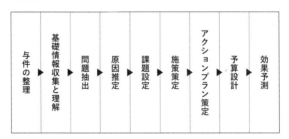

不確定要素を1つずつとり除けば、「提案」のレベルは上がります

提案に特効薬はありません。自分がどうして行き詰まっているのか？　そのために何をすれば良いのか？　を冷静に把握し、アクションを起こすことで、学びを得ていくしか提案のノウハウを得る術はありません。ちなみに、こういった「容易に答えが出ない事態にも性急に事実の解明や理由を求めず、不確実さや懐疑の中にいることができるスキル」を、ネガティブ・ケイパビリティと言います。提案力を伸ばすには、不断の努力と幾分かの時間が必要なのです。この本が、そのための手助けになることを祈っています。

株式会社シンクジャム　吉澤浩一郎

目次

前編

提案のしかた

コンサルティング営業に求められる提案のアプローチ方法

4章 クライアントとの関係別にアプローチ方法を変える……57

後編 提案思考のフレームワーク プランニングフロー

5章 プランニングフローの全体像と使い方

6章

プランニングフロー ステップ1 与件の整理をする

7章

プランニングフロー ステップ2 基礎情報収集と理解

8章

9章

10章

11章

12章

13章

14章

プランニングフロー

提案のしかた

コンサルティング営業に求められる提案のアプローチ方法

前編

1章

提案のポイント

コンサルティング営業の提案

クライアントから頼まれてもいないのに、こちらから建設的なアイデアを出すことを自主提案と言います。お節介という見方もできるかもしれませんが、多くの人は他者から気にかけてもらい、自分が目指すことに対して、より創造的なことや、より効率的になったりすることを伝えてもらえるのは嬉しいのではないでしょうか？

みなさんもふだんの生活の中で、提案をたくさん受けているでしょう。

例えば、美容師さんの提案です。

「乾燥する季節ですが、パサついたりしていませんか？」
　と、理解・共感し、最初に問題や課題を投げかける
「そうなのですね。髪質を考慮すると、こうしたほうが良いかなと思いますね」
　と、方向性を提案する
「Aという髪型もできるし、Bでも良いかもしれません。Aのメリットは○○だけど、××には注意しないといけないですよ」
　と、具体的な方法と留意点を提案する
「私としては△△という理由で、どちらかと言えば、Bをおすすめします」
　と、推しの提案をする

　最終的に選ぶのは、お客様ですが、ちょっとした会話の中でいろいろな提案を自主的に行っています。こういうことをスムーズに話してくれる美容師さんのほうが、上手で知識もありそうに見えます。カットしたあと、実際に美容師さんに言われた通りの効果があったりすると、次から指名したくなる人も多くなるはずです。ビジネスの現場も同様で、ふ

だんからこんな提案をしている方も多いでしょう。

この本でとり上げる提案とは、こういった小さな（日常的な）提案と考え方は同じではあるものの、クライアントの課題がまだよくわからない段階から、時間とお金をかけて準備（＝投資）をし、大きなリターン（＝売上）を得るためのコンサルティング型営業の自主提案です。

これは、クライアントに対してやみくもに「何に困っていますか？」「何かお手伝いできることはありませんか？」とヒアリングして得られた顕在ニーズをかたちにしてもっていく、といった御用聞き営業やソリューション（商材当てはめ型）営業とは真逆のやり方になります。

提案の進め方のポイント

提案の進め方のポイントは、大きく3つあります。

（1）提案のレベル（難易度）とフェーズ（段階）を意識すること
（2）クライアントの課題（感）を把握すること
（3）クライアントとの関係別にアプローチ方法を変えること

このあとの章で具体的に説明しますが、それぞれの必要性を先にお話ししておきます。

まず、（1）のレベル（難易度）を意識することで、自分のキャリアに見合わない無謀な提案を避けることに役立ちます。仮に、難易度の高い提案だったとしても、どんな力を借りればできそうか？　を考えるキッカケにはなるはずです。これから取り組もうとする提案を★1つ（易しい）から★5つ（難しい）までに振り分けてみましょう。

また現在、受注に向けてどのあたりにいるのか？　といったフェーズ（段階）を意識することで、随分と先にある「受注というゴール」よりも、手前にある「小さなゴール（KPI）」をイメージしながら、着実に提案を進めることができます。いま自分は、起案～立案～ジャブ提案～本提案～改良提案のどの業務をしているのかを明確にしましょう。

そして、（2）クライアントの課題（感）がわかっているほうが、提案内容がクライアントに刺さりやすくなります。そのために課題（感）を入手したり、推察したり、こちらから仮説を立てて持参したりするということを積極的に行っていきましょう。

最後に、（3）クライアントとあなたの関係性を把握することで、「聞き出し」「気づかせ」「シナリオ」「推進」といった4つの提案アプローチ方法のいずれかを応用して提案すれば良いかがわかります。あなたがクライアントの課題（感）やデータをつかんでいるか否かを判断し、適切なアクションを起こしましょう。

提案内容そのものが重要であることは言うまでもありませんが、進め方を間違えてしまうと、クライアントに響かなかったり、提案のタイミングを逃して他社にとられてしまったりという失態を犯してしまいます。これから、それぞれのポイントを詳しくお話します。

提案の進め方のポイント

1｜提案のレベル（難易度）とフェーズ（段階）を意識する

現在の立ち位置を明確にして、自分のスキルで対応できるのか？
目先のゴールは何を目指せば良いかを考える

提案のレベル（難易度）は？　**提案のフェーズ（段階）は？**

↓

2｜クライアントの課題（感）を把握する

クライアントの課題（感）を把握して
どんな提案をすれば次に進めるのかを考える

中期計画から推察して聞く　**ストレートに聞く**　**早い段階で聞き出し提案をする**

↓

3｜クライアントとの関係別にアプローチ方法を変える

クライアントとの関係別に提案のアプローチ方法を変え
実際に提案を試みる

聞き出し提案をする　**気づかせ提案をする**　**シナリオ提案をする**　**推進提案をする**

2章

提案のレベル（難易度）とフェーズ（段階）を意識する

提案の立ち位置を明確にする

まず、これから行う提案に、どう挑んでいくのか？（誰かの力を借りないといけないほど難しいことを行うのか？　どのくらいのアウトプットを出せば良いのか？）を意識するために、提案における自ら（個人や企業として）の立ち位置を明確にするところから考えていきましょう。ポイントは、

- 自分（たち）は、どんなレベル（難易度）の提案をするのか？
- 受注に向けてどんなフェーズ（段階）にいるのか？

を正しく把握しておくことです。

提案のレベル（難易度）を意識する

提案のレベル（難易度）をはかるチェックポイントの軸は、A：クライアント、B：案件種別、C：RFP（提案依頼書）の有無の3つです。これから提案するものに当てはまる項目をチェックし、レベルを確かめてみてください。

A　クライアント軸

まだ一度も取引をしたことのない新規クライアントに提案する

（例：インバウンドで問い合わせのあったクライアント／紹介されたクライアント……など）

すでに取引をしている既存クライアントに提案する

（例：日頃から打ち合わせなどをしているクライアント／その上長……など）

B　案件の種別軸

新規の案件で提案する

（例：新ビジネス立ち上げ／システム刷新／営業改革／商品の販促施策……など）

既存の（ルーティンの）案件で提案する

（例：導入済みサービスの保守改善／ＳＮＳやＳＥＯの運用改善……など）

C　ＲＦＰの存在軸

全くの持ち込み提案

（例：異業種で効果のあった事例をカスタマイズして紹介する……など）

クライアントから何らかの依頼を受けた提案

（例：集客数を倍にしたい／来年中にアクセシビリティ対応をしたい……など）

Ａ・Ｂ・Ｃを１つにまとめたものが、「提案のレベル・チェックリスト」です。３つの

提案のレベル・チェックリスト

<table>
<tr><th>A
クライアント軸</th><th>B
案件の種別軸</th><th>C
RFPの存在軸</th><th colspan="2">レベル（難易度）</th></tr>
<tr><td rowspan="2">□
新規クライアント</td><td rowspan="4">□
新規案件</td><td>□
持ち込み</td><td>★★★★★
（難）</td><td>問い合わせがあったクライアントやなかなか案件化できないクライアントに対して、こちらから課題を推察してアプローチしていくリスクの高い提案。</td></tr>
<tr><td>□
RFP有</td><td>★★★★</td><td>いわゆるコンペティションになりがちな提案。しかも、取引がない状態なのでリスクは高い。</td></tr>
<tr><td rowspan="4">□
既存クライアント</td><td>□
持ち込み</td><td>★★★★</td><td>こちらから主体的に課題を設定して「こうしたらいかがでしょうか?」と具体的な方法論を提示していく提案。難易度は高い。</td></tr>
<tr><td>□
RFP有</td><td>★★★</td><td>クライアント自らが課題（感）を提示してくれるため提案リスクが比較的低い。スピーディにかたちにできないと競合に仕事をとられてしまう。</td></tr>
<tr><td rowspan="2">□
既存案件
（ルーティン）</td><td>□
持ち込み</td><td>★★</td><td>何らかの運用案件の中で、こちらから積極的に課題を設定して、解決策を提案していく。定例会などの場があるため、アポイントなどに苦労しない。</td></tr>
<tr><td>□
RFP有</td><td>★
（易）</td><td>運用案件でクライアントから「こうしたい」という要求があり、それに応えていくもの。</td></tr>
</table>

※RFP＝Request for Proposal（提案依頼書）

軸をチェックすると、おおよその難易度がわかります。

一番下の★1つは、クライアントからのオーダーが明確であるため、オーダー通りにやる方法に加えて、こちらからも「こんなかたちにしてはどうでしょうか?」と、小さな提案をしてみるレベルです。新卒1年目のスタッフでも充分対応できる内容でしょう。

★2つは、クライアントとの定例会などで、特に依頼を受けていないことをこちらから積極的に提案していくレベルです。例えば「〇〇のデータを見たところ××になっていましたので、□□を実施したほうが良いと思います。具体的に□□のような案をもってきているのですが、少しお時間いただけますか?」と提案していくものです。

★3つは、あなたがまだ関わっていない新規案件を既存クライアントから手伝ってもらえないか? という打診を受け、提案をするレベルです。内容のアイデアはもちろんですが、プロジェクト計画など、まだ見えていない進め方や期間まで、主体的に定義できるスキルも求められます。

★4つは、既存クライアントに対しての持ち込み提案か、取引のない新規クライアントからの提案依頼に回答するレベルです。ここから、難易度が一気に上がります。クライアントの課題（感）を明確にし、こちらが何を・どのタイミングでもっていけば、クライアントの満足度が高まるかを論理的に想定できるスキルが非常に重要です。

★5つは、取引実績のない新規クライアントに対して、こちらから内容や進め方を提案していくものです。決まった商材を売り込んだり、独りよがりの（押しつけ型の）提案をしたりするだけなら、多くの人ができますが、実際に受注に結び付くような提案をするのは非常に難しいレベルです。取引実績がないのでクライアントの課題（感）が聞きにくいのと、こちらの信頼度を上げる努力も同時に行わないといけないからです。

このように、あなたが取り組む提案のレベルを把握しておくと、その難易度に合わせて、誰が提案すべきか？　提案そのものを行うべきか？　を検討したり、詳しい人をアサインしたり……などといった対策が可能になります。また、マネジャーは、「より難易度の高い提案に取り組んだことがキッカケになり、何らかの案件を受注できた」部下を高く評価するといった評価軸としても活用できるでしょう。なお、★3つ以上の難易度が高いものの具体的なアプローチ方法を、次章以降で詳しくご紹介していきます。

提案のフェーズ（段階）を意識する

次に、あなたが現在どのフェーズ（段階）で仕事をしているのかを常に意識し、どんなアウトプットを出さなければいけないのか？　を理解しましょう。

提案のフェーズは、自分1人で行う「Ⅰ起案期」、社内で議論する「Ⅱ立案期」、クライアントを巻き込む「Ⅲジャブ提案期」、クライアントの決裁者を巻き込む「Ⅳ本提案期」、クライアントが使いやすいように改良する「Ⅴ改良提案期」の5つです。

Ⅰ　起案期（自分1人で行う）

「あのクライアントにはこんな提案をしてみたらどうだろうか？」と思いつく時期です。アウトプットは、提案のメモです。日頃から提案意識の高い方は、わざわざ「起案期」などという時間を設けてアイデアを探したりしてはいません。

目にするSNS投稿、ネット記事、広告、家族と遊びに行った先の出来事、読んでいる

提案のフェーズ

	特徴	アウトプット	ポイント
I 起案期	こういうことが提案できるかもと思いつく	メモ	・スキャンパー法を積極的に活用しようとする ・日頃から目にするものを顧客に提案できないか？と「スリープモード」状態を維持し、メモをとる
II 立案期	確からしい仮説をベースに提案の流れがつくれる	提案骨子	提案の骨子として“背景”“目的”“施策”“目標”をテキストでまとめ、社内のチームメンバーなどに話して意見を聞く
III ジャブ提案期	クライアントにアポをとり軽い提案から反応をみる	ディスカッションペーパー	・立案期にまとめた内容の裏付けや実現可能性を補強して意見を伺う ・意見を求める提案という位置づけにして、対話しながら提案をする

▼

顧客の関心を高め、「壁」をとり払う

▼

	特徴	アウトプット	ポイント
IV 本提案期	キーマンや意思決定者の同席のもと提案する	企画提案書 プロジェクト計画書	しっかりした提案書を作成し、クライアントの担当者はもちろん、できれば上長や他部署のキーマンなども同席していただける場で、可能な限りヌケ・モレのない提案を行う
V 改良提案期	指摘を受けた内容を改良して提案する	上申に使える企画提案書	提案をして指摘された箇所や後日こちらから改善ポイントはないかを促して、改良した（リバイス版）提案をする

▼

受注確度を上げる

本、映画や演劇、カフェの隣席の会話……などから、刺激を受けて、「あ、もしかするとクライアントの○○さんへ提案すると喜ばれるかも！」と思い、忘れないようどこかにメモをとったり、写真を撮ったり、キャプチャしてクラウドサーバに上げていたりするわけです。企画の意識を日頃の生活の中で張り巡らせておくということが重要ですので、仕事とプライベートを完全に切り離している人は、おそらく提案は不得手かもしれません。当社のトッププランナー曰く「企画脳を常にスリープモードにしておかないとダメ。企画脳はシャットダウンしたらダメ」とは言い得て妙です。

なお、体験したことや目の前にあることを、クライアントに提案するためのアイデアに置き換えていく方法論として「スキャンパー法」が知られています。まだ身につけていない方はぜひ調べてみてください。

Ⅱ 立案期（社内で議論する）

実は、起案期でメモしたものは数が多すぎて忘れてしまうことが多いのですが、仕事中、必ず読み返すタイミングがでてきます。ここで、自分が引っかかったアイデアを記憶から引き出して、クライアントに本当に提案できそうかを考えましょう。これが「企画が立ち上がる」立案期です。アウトプットは提案骨子をテキストやマインドマップなどでまとめたものです。４つの項目で書けているか確認してください。

- **背景**：クライアントが現在このような状態である（こういう課題がありそう）
- **目的**：だから、こうするために何らかの施策を実施する必要がある
- **施策**：具体的には、こういうことを行った方が良いのではないか？
- **目標**：これによって、クライアントはこんな成果が得られる可能性がある

まず、仮説レベルで構いませんので、しっかりとテキストで記述すること。そして、チームメンバーに共有してみてください。共有された人は、良し悪しとその理由をハッキリ言い、このあとのジャブ提案に進める価値があるか否かを明確にします。このジャッジをできる人がメンバーにいないと、クライアントの期待を裏切る出来の悪い企画を進めてしまいかねないので、注意が必要です。後編の「与件の整理」も、ぜひ参考にしてください。

III　ジャブ提案期（クライアントを巻き込む）

ボクシングで、相手との間合いをはかったり、決めのパンチにつなげたりするために軽く放つパンチの「ジャブ」と同意です。アウトプットは、まだ企画書の体をなしていないという意味を込めた「ディスカッションペーパー」や「ドラフト資料」です（「ヒアリングペーパー」とは言いません。なぜなら、クライアントは自分がまだ欲していないにもかかわらず、最初から聞かれるのを嫌うからです。あくまでも、クライアントは「（役立ちそうな）何かを受けとる」というところからスタートしないと、スムーズに進みません）。

提案は、「これこそがあるべき企画です！」と独りよがりのものを押し付けるのではなく、あくまでもクライアントの意図をくみとり、クライアントと一緒につくり上げていくという姿勢が求められます。その意味でジャブ提案は1回だけでなく、複数回存在します。

ジャブ提案では、まず「こんなアイデアがありますが、いかがでしょうか？」とお伺いを立て、それについて忌憚のないご意見やお考えをお話しただくことで、「次により良いアイデアをもってきてもらえそうだ」ということをクライアントに意識させることが大事

「企画を買ってもらう」のではなく、ディスカッションして「練り上げていく」という意識をもって提案する

です。

その上で、「ディスカッション」するという場づくりに努めましょう。このジャブ提案は、提案活動における中核となりますので、アポイントのとり方や提案の考え方など、具体的な方法については後述します。

Ⅳ 本提案期（クライアントの決裁者を巻き込む）

ジャブ提案が数回行われるようなら、クライアントの担当者は、あなたの提案に関心をもっているということです。そのうち「私の上長を同席させますので」「今日は関係部署のメンバーもＺｏｏｍで同席させますね」と言われるようにしましょう。ここが、クライアント側の意識が「提案を受ける」から「自分たちの施策として実行したい」というものに変わった瞬間であり、具現化していくために必要なキーマンが登場する「本提案」の場面です。アウトプットは「企画提案書」や「プロジェクト計画書」となり、これまでのディスカッションペーパーから、企画書の体をなしたものに切り替わっていきます。

「本提案期」では、提案内容もさることながら、「こういった提案を自主的にもってくる人たち」として、広くクライアントの方々にアピールする絶好の機会（次の営業のタイミング）にもなります。

Ⅴ 改良提案期（クライアントが使いやすいように改良する）

本提案において、新たに加わった指摘に対応したり、意思決定や上申をしていただく際に必要な説明手順や情報の変更などが行われたりするのが改良提案です。

クライアントの担当者や意思決定者レベルでは、かなり確度が高いものであり、ここを越えていけば、提案から受注にだいぶ近づきます。この段階では、あなたの提案資料のフォーマット（デザイン）はクライアントのフォーマットに代わり、よりクライアント内部の資料として独り歩きできるレベルまでブラッシュアップされていきます。アウトプットは「クライアントが上申に使える内部企画資料」となります。

ここまで、5つのフェーズを記載しましたが、コンペティション時の提案においても、ジャブ提案（RFP提示後に、質問をして提案のポイントを探る）や本提案（ジャブ提案で得られた情報を基に、シナリオを練り上げていく）、改良提案（提案が刺さらなかった場合に、問題を聞き早急にリバイス提案をする）は、勝ちの営業シナリオには組み入れておきたいものです。

これから提案する案件のポジションを明確にする

提案のレベル×フェーズをまとめた図で、あなたがいま提案しようとしている（もしくは上長から提案を促されている）案件のポジションを明確にしてみてください。自分1人でできるのか？　いま何をアウトプットしなければいけないのか？　がわかったところで、次に肝心のクライアントの課題（感）を考えていきましょう。

提案のレベル＆フェーズ

レベル				フェーズ				
A クライアント軸	B 案件の種別軸	C RFPの存在軸	レベル（難易度）	I 起案	II 立案	III ジャブ提案	IV 本提案	IV 改良提案
新規クライアント	新規案件	持ち込み	★★★★★（難）					
		RFP有	★★★★					
既存クライアント		持ち込み	★★★★					
		RFP有	★★★					
	既存案件（ルーティン）	持ち込み	★★					
		RFP有	★（易）					

「これから行う提案はどこにマッピングされるのか?」を意識することで効率的に動けます!

3章

クライアントの課題（感）を把握する

提案では、常にギバーになること

前述の通り、多くの人は他者から提案してもらえることを望んでいます。ただし、クライアント企業の担当者も同様でしょうが、何でもかんでも提案してもらうのが良いわけではなく、「いまの自分にとって有効な提案であれば」という条件が付きます。自分に必要かどうかわからない提案をわざわざ聞くために貴重な時間を割きたくないでしょう。「まず現状をヒアリングさせていただけないでしょうか？」などと言われても、期待できるアウトプットがでてくる相手にしか、ＯＫは出さないでしょうし、ましてや「情報交換させていただけないでしょうか？」などは愚の骨頂です。

クライアント企業の担当者は、いま自分に有効な情報が欲しいのです。であれば、こちらが提案する内容も相手が欲しい情報に合わせなければなりません。提案で最も重要な心構えは常にGIVEすること、提案する人は常にギバーにならないといけないということです。では、何をGIVEするのか？　それは、クライアントの課題（感）を解決できそうな施策やそのヒントです。

課題と課題感の違いとは？

提案の際、クライアントの課題や課題感を把握しておかないと、刺さる施策の提案はできません。ご存じのように「課題」とは、あるべき姿（ＴｏＢｅ）と現状（ＡｓＩｓ）の差である問題となっている原因を解決するためにやるべきことです。その具体的な方法を「施策」と言います。片や「課題感」とは、まだ論理的に課題を導き出していないが、こういうことをしないといけないと考えている……という粗いレベルの課題のことを言います。

課題とは何か?

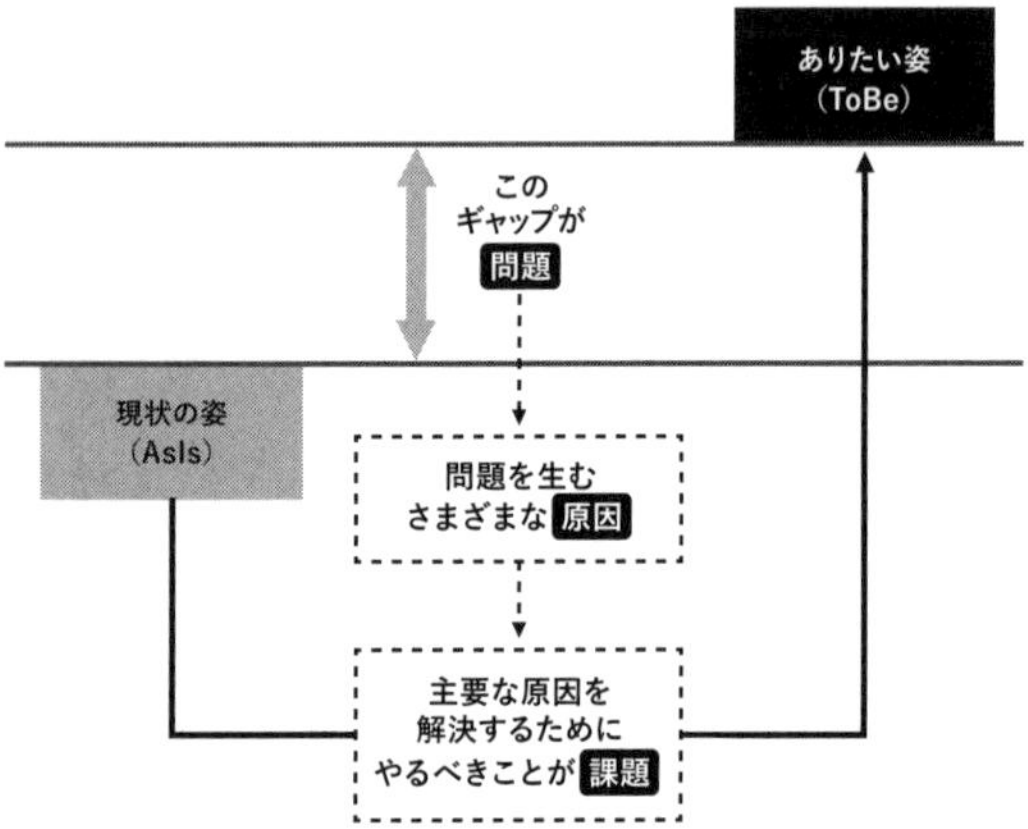

例を挙げれば、

■課題：明確な方針

売上一千億円以上の製造業のＩＴ担当者へのアポイントをとる→そのための施策は？

■課題感：粗い方針（方向性）

小売業だけでなく、別の業種にアプローチしないといけないと考えている。

となります。提案をしていく上で、クライアントの課題がわかれば提案はしやすいですし、そこまでハッキリしたものではなくても、課題感をつかむことで、次につながる提案が可能になります。

ちなみに、クライアントに対しては「課題は何ですか？」と聞くより「どんなテーマをおもちですか？」と聞くほうがやわらかいニュアンスを含むため、クライアント企業の担当者も話しやすいというのが、現場の感覚です。「課題は何ですか？」と聞くと、堅苦しいニュアンスがでてしまい、「そこまで、まだ深く考えていないのだけど……」と身構え、課題感まで口にしにくくなってしまうきらいがあるからです。企画書に書く場合は課題、口頭で議論する場合は課題感やテーマと、ケースバイケースで使い分けられるようにしておくと良いかもしれません。

また、クライアント企業の担当者のテーマは、「組織的に与えられている担当者のテーマ」と「担当者が自らクリアすることを目標としているテーマ」に大別され、上長からやらなければならないと言われている組織的なテーマのほうが、経験上、提案をしても受け入れられる確率が高い印象があります。あなたのクライアント企業ではいかがでしょうか？　ちなみに、この2つは企業がＩＲサイトで発表している中期計画や年次計画などを見たり、直接担当者に聞いたりすることで区別できることがあります。

課題（感）／テーマを手に入れる方法

クライアント企業の担当者の課題（感）を手に入れるのは、容易ではありません。ましてや、大手企業や取引実績のない企業の情報などはなおさらです。そのため、私たちは日頃から地道に「点」の情報収集に努め、「面」として提案に結び付けなければなりません。

中期計画は、マストアイテム

クライアント企業が上場している場合は、ＩＲサイトで公開されている中期計画をいち早く入手して精読しましょう。これを基に多くの施策が展開されるはずですので、課題（感）のヒントを得るには中期計画の理解が早道です。この中期計画が頭に入っていると、担当者にヒアリングをする場合でも「○○を□□にするという事業目標については、どんな取り組みをされていますか？」など、質問項目もすぐに用意できます。

さらに、代表や事業部長のコメント（ネット記事、インタビュー記事、自社サイトのコメント、SNSでの案内やリポスト……など）を把握しておくことで、その中期計画立案の想いや現在の進捗状況なども把握できることがあります。

担当者にストレートに聞く

提案したい相手が既存客で職位が比較的高い人（部課長クラス）であり、これまでに仕事を通じた信頼関係が築けているようであれば、「来期の○○部の主なテーマを教えていただけないでしょうか？」とストレートに聞いてみるべきでしょう。職位が高いと外部にどれだけヒントを与えても良いかをコントロールできるため、話してもらえる可能性は高まります。

もちろん、テーマを聞いたあなたは、クライアント企業の他の人に○○さんから聞いたということをペラペラ話さないことはもちろん、なんらかの提案をしてくれるはずという○○さんの期待に添わないといけません。相手の時間を使わせた分、早めに提案ができないと、あなたやあなたの企業のブランドイメージが下がってしまうので要注意です。

ストレートに聞けないなら、先方の課題を想定してみる

まだクライアント企業の担当者から、あなたが提出するアウトプットに対して信頼を得られていない場合、次のようなことを組み合わせて、担当者の課題（感）を推察できないでしょうか？

- **担当者の職位から** ↓ その組織で何をしなければならない人なのか？
- **担当者の最近の仕事内容から** ↓ どんなことに責任をもたされている人なのか？
- **担当者の発話やメールの内容** ↓ どんなことに関心、こだわりがありそうなのか？
- **担当者の上司** ↓ どんなことにこだわっているのか？　その人のテーマは？
- **担当者の上司の上司** ↓ 上・下期の計画、中期計画は？

クライアント企業のＷｅｂサイトで公開されている中期計画、リリース記事、業界誌やビジネスメディアの取材記事などに加え、可能であれば、クライアントに関連するＳＮＳ

や担当者個人のＳＮＳを見てみましょう。投稿内容、リポスト、つながり、いいねしている人……などもみることで、担当者が注力していることやつながっている別部署の方や外注先などもわかり、関心領域のアウトラインがつかめる可能性があります。

職位とは本部長、部長、次長、課長、係長、主任……などに当たりますが、実際にどんな仕事・役割を担っているのかが理解できていない場合は、基礎知識として調べておいてください。あなたのクライアントと同程度の企業（従業員規模、売上規模など）の同じ職位の方のインタビュー記事を読むと、仕事の内容がよくわかると思います。

また、その企業における職位・職階の位置づけがいまひとつわからないという場合は、組織図をつくり、更新し続けることをおすすめします。１９９０年代くらいまでは、外部の人にもクライアント企業の組織図などを見せていただけることも多かったのですが、現在はコンプライアンスが厳しくなり、機密事項となってしまいました。

ですから、自分たちで組織図をつくっておき、都度改訂していくと提案先の企業内ポジションが明確になり、意思決定ルートが可視化されます。出会った人の名刺やメールのシグネチャ、リモート時でのコミュニケーションなどで、個々人の情報を入手し、それをクライアント企業の人事異動時に公開される組織名称などを活用して、図式化しておくと、クライアント企業の職位・職階の役割が明確になるでしょう。継続して改訂していくことで使える営業財産にもなります。

クライアント企業の担当者の仕事内容がわからない場合

クライアント企業の担当者（できるだけキーマンとなる人）が、いま自分と仕事をしているなら、過去にはどんな仕事をされていたのか？　ちょっとしたスキマ時間で聞いてみましょう。あなたの同僚にその担当者と仕事をした人がいれば、その詳細を確かめておきたいものです。

担当者とのやりとりは、メーリングリストや Backlog や Asana などの課題管理ツールを使い、社内の関与者と情報共有できるようにしておくと、同僚のクライアント理解も進み「あのクライアントさんには、こうしたらどうかな？」などと、アドバイスも期待できます。

また、クライアントはあなたの会社だけでなく他社とはどんな仕事（取引）をしているのかも、把握しておきましょう。例えば「この前、A社からこんな提案を受けたけど～」「B社さんから××の情報提供依頼が来た」などを聞いたりしたら、さっそくA社やB社のことを調べておくと、担当者の行動範囲をつかむキッカケになります。

このように日頃から、担当者の過去の仕事内容や現在どんな仕事に関わっているのか？　ということに常に関心をもっていると、いまどんな課題（感）を抱えていそうか？　どんな解決アプローチが好まれるか？　ということもわかってくるようになります。常に担当者に対して、アンテナを張っておくことが大事です。

それでも課題（感）がわからない場合

実際、提案で困っている人は「もっと早く課題（感）をつかみたい！」という人が多いと思います。そんなときは、わからないなりに、こちらからクライアントに対して、GIVEするものをつくってしまうのです。例えば、

• トレンドワード、バズワードの解説資料を用意して、クライアント企業だったら、ど

のように取り組めそうかをＧＩＶＥする
- クライアント企業の業界の海外トレンドを調査して、日本における取り組みイメージをＧＩＶＥする
- クライアント企業の競合他社の成功事例をベンチマークして、競合と並ぶための／差別化するための方法論をＧＩＶＥする
- クライアント企業の取り組みの問題を明確にして、何が原因なのかを仮説立てたものをＧＩＶＥする

……などです。もちろん、当てずっぽうな課題を提示するわけではなく、データから得られる確からしさを伴った仮説を提示しなければ、振り向いてはもらえません。このアプローチ手法はとても重要ですので、次章にて詳しくまとめていきます。

課題（感）を積極的に入手しようとするメリット

より信頼してもらえるキッカケになる

クライアント企業の担当者に限らず、誰しも「自分のテーマをいつも理解しようとしている人、自分に関心をもっている人に、仕事を依頼したい」という想いは強いでしょう。こちらから積極的に課題（感）をお聞きすることで、「あなたや貴社のことを気にしていますよ（勉強していますよ）」というシグナルになります。

また、テーマの模索と提案を繰り返すことで、クライアントやあなたの上長は、あなたを「自ら学び、自分たちの業界に強いプロフェッショナル」として評価すると同時に、「いちいち言われなくてもできる人」として認めてくれるはずです。

先回りして提案できる

クライアント企業の担当者の課題を早く入手すれば、担当者ご自身と、競合他社それぞれに対して先回りして提案できるメリットがあります。

担当者は「自分が忙しくてかたちにできていないところに対して、検討のためのドラフト資料をつくってくれる」気の利く人や会社に発注したいと考えているはずです。わざわざコンペにしなくても、効果のあるアイデアを早くもってきてくれるのなら、あなたに発注するでしょう。仮に、クライアント企業にコンペをしないといけない規定があったとしても、RFPの作成を依頼され、コンペが優位に運ぶことも多々あります。

人間関係が途切れない

あなたの提案モチベーションが低くなり、四半期から半年の間だけでも担当者の課題を意識しなくなると、部署異動があったり、その間に新しい施策が行われていたりして、課題を聞き出すのに時間がかかってしまうことがあります。

これは、競合他社が入り込んでしまう隙を自ら与えているようなもの。競合も、常に新規獲得を狙って提案をしてきますし、クライアント企業もリスクヘッジのために複数の外注先を開拓しておきたいという気持ちも強いのです。クライアントを維持し続けるためには、継続して課題（感）を捉え続けることが大事なのです。

4章

クライアントとの関係別にアプローチ方法を変える

提案のアプローチを決める2軸

提案におけるアプローチ方法は、

- **あなたがクライアントの課題（感）を把握しているのか否か？**
- **クライアントの課題（感）に関わるかもしれないデータをもっているのか否か？**

という2つの軸の掛け合わせから生まれる4つのパターンから考えることができます。

ここで言うデータとは、クライアント企業独自の情報（営業進捗や顧客満足度、顧客か

提案のしかた（4つのアプローチ方法）

		クライアントの課題(感)に関わるかもしれないデータ類	
		データがない	データがある
クライアントの課題(感)／テーマ	課題を把握できていない	❶ 聞き出し提案	❷ 気づかせ提案
	課題を把握している	❸ シナリオ提案	❹ 推進提案

らの問い合わせ、Ｗｅｂサイトやアプリのアクセス状況など）の他、あなたが独自に調べたオリジナルの調査データ（例えば、競合他社のＳＮＳ発信内容とレスポンスの比較調査）、またオープンデータをクライアントのテーマに合わせて編集した情報（例えば、ターゲット顧客だけにフォーカスした人口動態と所得の推移を掛け合わせたデータ）など多岐にわたります。

図に記載した「データがない」とは、あなたがクライアント独自のデータにアクセスできない（自力では手に入らない）ケースに加えて、あなたがまだオープンデータを入念に調べていないというケースも含みます。

アプローチ方法は大きく4つあります。

❶「聞き出し提案」
❷「気づかせ提案」
❸「シナリオ提案」
❹「推進提案」

先の章で記載したように、「なかなか具体的な課題（感）がわからない」という場合は、❶聞き出し提案や❷気づかせ提案といった提案を通じて課題（感）を聞き出すことで、初回のジャブ提案などに結び付けていくことが可能になります。

4つのアプローチ方法のポイントはいずれも、提案のアポイントメントをとるとき、初回のジャブ提案、2回目のジャブ提案、本提案と、相手が欲していると思われることを、ずっとこちらからGIVEし続けていくことです。GIVEすることの重要性は、アダム・グラント氏の『ＧＩＶＥ＆ＴＡＫＥ「与える人」こそ成功する時代』（三笠書房）に記載されていますので、関心があればご一読ください。

もちろん、どんなクライアント企業にも手あたり次第に提案をするわけではありません。将来的にお付き合いができそうな方々に対してアプローチします。さっそく、それぞれのアプローチ方法をみていきましょう。

4つのアプローチ方法

❶「聞き出し提案」では、ＧＩＶＥして課題（感）を聞こう

まだクライアントのテーマもハッキリと把握できておらず、何かヒントとなりそうなデータも手元にないという場合、あなたはクライアントに対して「ヒアリングさせて欲しい（情報をください）」と最初にＴＡＫＥを求めていませんか？

いったん、ＴＡＫＥを留まり、発想を１８０度変えて自分からＧＩＶＥし続けるように

してみてください。会社に多少の工数や経費の持ち出しを認めてもらい、お客様に満足いただけるよう努力してみましょう。

提案先の例

提案先としては、

- 初めて問い合わせをしてきた新規クライアント企業の担当者
- 既存クライアント企業の担当者から紹介された初対面の担当者
- 既存クライアントだが、ほとんど会ったことがない担当者の上長やキーマン

……などが考えられます。

アポイント時にGIVEするものの例

●新規クライアントに連絡するときの【メール文面例】

この度は、当社にお問い合わせいただき、ありがとうございます。貴社の○○を拝見したところ、△△や△△において、○○という理由から**□□や□□、□□のような課題があるように感じています**が、いかがでしょうか？ もしよろしければ、現在の課題感を伺うことは可能でしょうか？

●既存クライアントへの【メール文面例】

日頃は○○の件でお世話になっております。近々**□□のご提案させていただきたいのですが現在、××さんがおもちのテーマとズレてしまわないよう**にしたいので、一度来期のテーマを伺えないでしょうか？

※「□□の件」とは、例えば、営業の歩留まり向上、工場の稼働率向上、クレームを活用した商品開発……などの具体的な課題を示します。

※「××さん」は直接話をしている担当者の場合もありますが、担当者の上長などにあたる場合も多々あります。

聞き出し提案のトークイメージ

□□のご提案をさせて
いただきたいのですが
××さんがおもちのテーマ
とズレてしまわないように
来期のテーマを
伺えないでしょうか？
□□なら
ちょうど
知りたかったので
いいですよ。
業界
トレンド
顧客
ニーズの
変化

……など、「□□のような課題はありませんか？」と「これから□□の提案をしたいのですが……」と、こちらからGIVEをすることが大事です。GIVEする内容が、クライアントの課題（感）と大きくズレていたり、クライアントの業界と全く関係のないことであったりすると、「この人は勘所が悪いな……要領が悪そうだな……」と思われてしまいますので、この□□を外さないように、少なくともクライアントの業界のトレンドや中期計画を理解した上で、あなたの（組織の）知見の強みを掛け合わせ、どんな提案であれば、関心をもってもらえそうか？　同僚とも仮説を出し合って、考えていきましょう。

□□があいまいな状態でいくら連絡をしても、クライアントは、あなたにわざわざ時間を割く理由がないので、アポイントはとれません。なお、既存クライアント企業の中でも、初めてお会いする担当者は、あなたの会社との取引実績や他部署の取引などは知らないと思っておいたほうが良いでしょう。早めに取引実績の資料をお渡しし、「当社とすでに取引をしているなら、安心できそうだ」と感じていただくことも必要です。

アポイント日程の設定

担当者に関心をもっていただけたら、提案のアポイントは、2週間後以降を設定しておきましょう。クライアント企業の担当者も多忙ですし、何よりあなたはこれから提案の準備をしなければなりません。少なくとも、2週間は確保しておきたいところです。ただ、3週間や1カ月以上先となると、クライアントもあなたと何で約束したのかを忘れてしまいますので、2週間を基準に考えておくと良いでしょう。そして、どんなアポイント取得のときにも言えますが、こちらから「○日以降ですといつ頃がよろしいでしょうか」とか、「○日○時や○日○時などはご都合いかがでしょうか?」などと、候補日時のガイドを出しておいたほうが、相手が日程を考える必要がなくなりアポイントはとりやすくなります。

提案書ができてからアポイントをとるのではありません。提案するテーマ（この章で書かれている**「□□という課題があるのでは？」**）が決まったらアポイントをとるのです。提案は投資だと先に述べましたが、聞いていただけない提案書をつくるのは時間の無駄です。だからこそ、最初の**「□□という課題があるのでは？」**ということを決めることが重要なのです。

初回ジャブ提案のゴールとそのためのポイント

次のアクション（2回目のジャブ提案）につなげるために、テーマを聞き出したり、何かしらの情報をもらったりすることがゴールです。初回ジャブ提案のあと、次のアポイントが取得できなくても問題ありません。クライアントからは、あなたに対して

「当社のことを小手先ではなく、学ぼうとしているな」
「当社の業界には詳しそうだ」
「こういうことを言ったら、どんなことが返ってくるか興味がある」

と、ポジティブな評価をしてもらえることが、まず重要なポイントになります。もし、アポイントがとれなくても、めげずに間を開けて次のアプローチをしていきます。

初回ジャブ提案時にGIVEするもの

テーマを聞き出すための軽い提案例として、次のようなものを準備しても良いでしょう。

- クライアント企業と競合他社との口コミの比較表、そこから見えてくる課題提示
- 実際に製品やWebサイトを使ってみた人の感想レポート、そこから見えてくる課題提示
- 同業、異業種を問わず、最近の施策の事例集と、そのクライアントが展開した場合の施策案

……などが挙げられます。

もちろん、あなたが先にクライアントに案内している「□□という課題があるので

聞き出し提案のトークイメージ

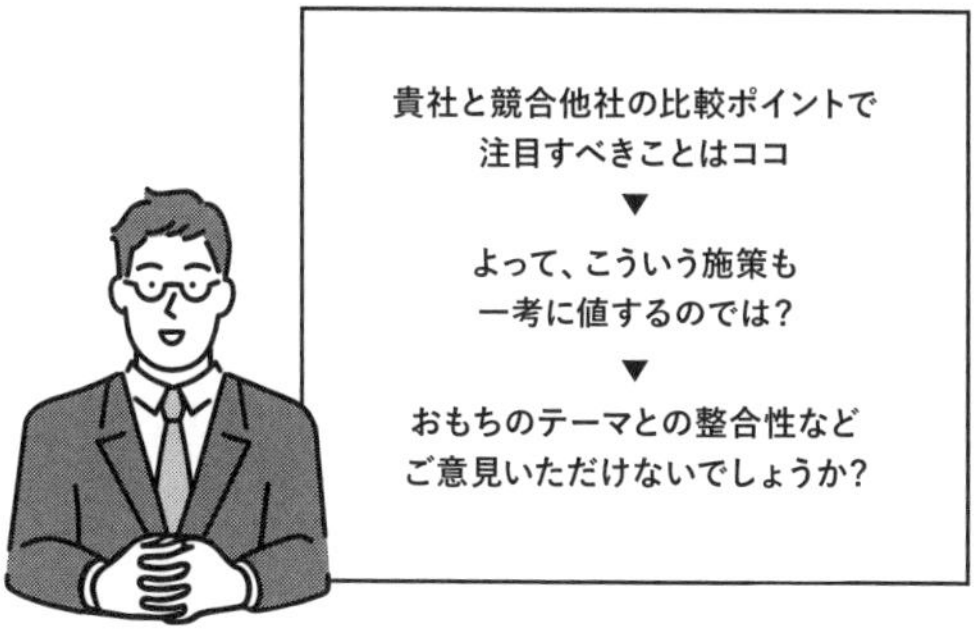
貴社と競合他社の比較ポイントで
注目すべきことはココ
▼
よって、こういう施策も
一考に値するのでは？
▼
おもちのテーマとの整合性など
ご意見いただけないでしょうか？

は？」を軸にしてまとめないと意味がありません。ポイントは、ニュース性、旬な話題性など、何らかのエッジが立つように情報編集すること。クライアント企業の担当者が打ち合わせのあとに、「こんな情報をもらったんだけど……」と、社内で共有してもらえるような内容が望ましいでしょう。

提示するアウトプットのイメージ

初回ジャブ提案のアウトプットのイメージとして、後編でご紹介する提案思考フレームワークの「基礎情報収集と理解」や「施策策定」でまとめた資料を例示します。

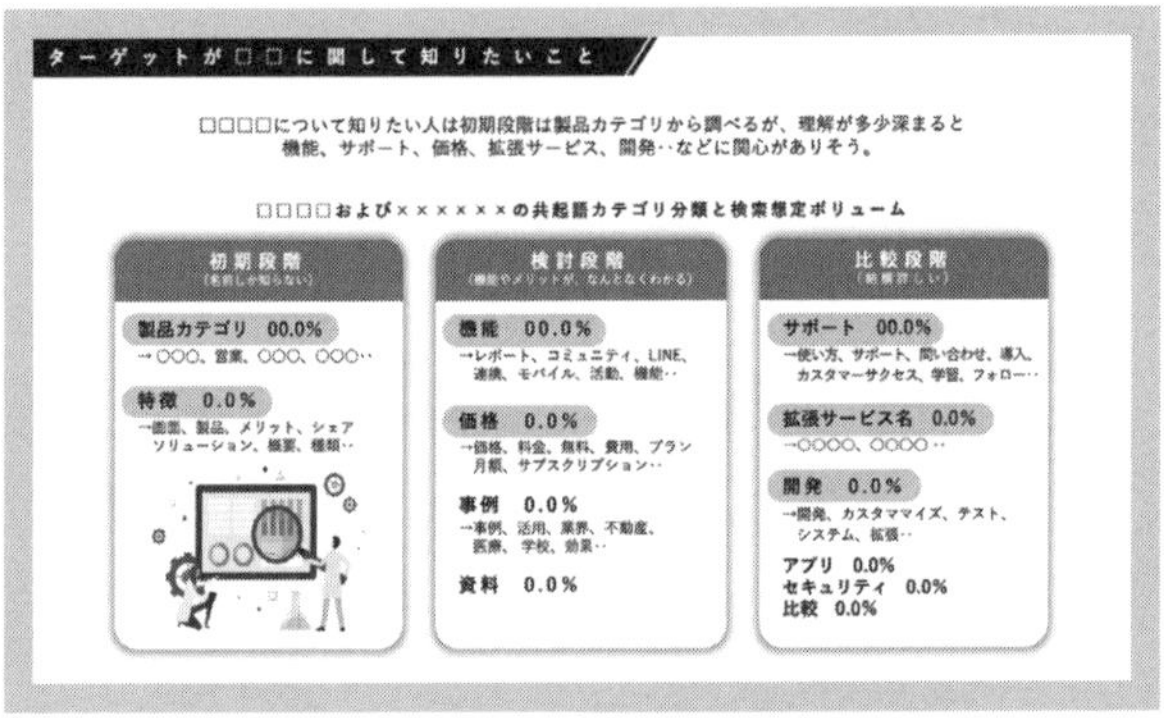

基本情報をGIVEして課題（感）を聞き出す ①

クライアント企業の商材名、カテゴリ名などを基に、Googleでの関連語の検索ワードボリュームを収集し、それを概念化することで、世の中にいまどんなニーズがありそうなのかを分析。こういった基礎情報を基にクライアントのWebサイトの問題を指摘しながら、課題感を聞き出していくこともできます。

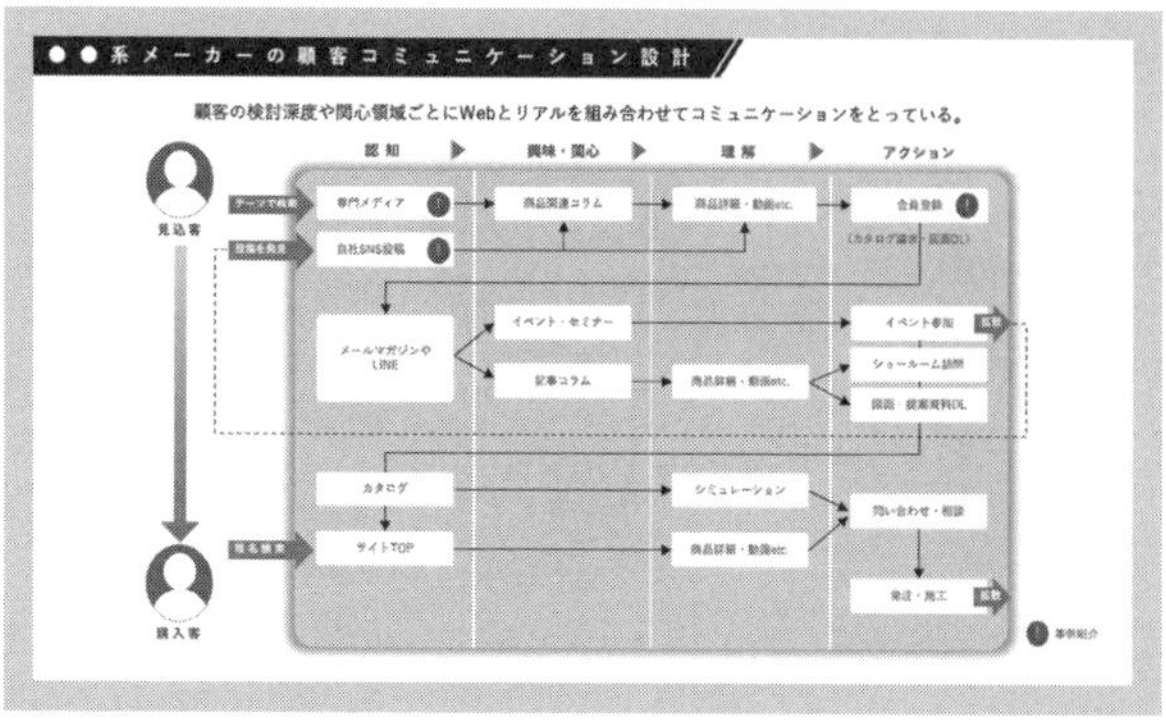

基本情報をGIVEして課題（感）を聞き出す②

ある業界の顧客行動を複数の競合他社のマーケティング手法を分析してモデル化したものです。企業やサービスの認知〜アクションまでの顧客の動かし方をフローでわかりやすく図解化しています。こういった独自のフレームワークとクライアント企業の販売方法と対比しながら説明することで、課題感を聞き出すこともできます。

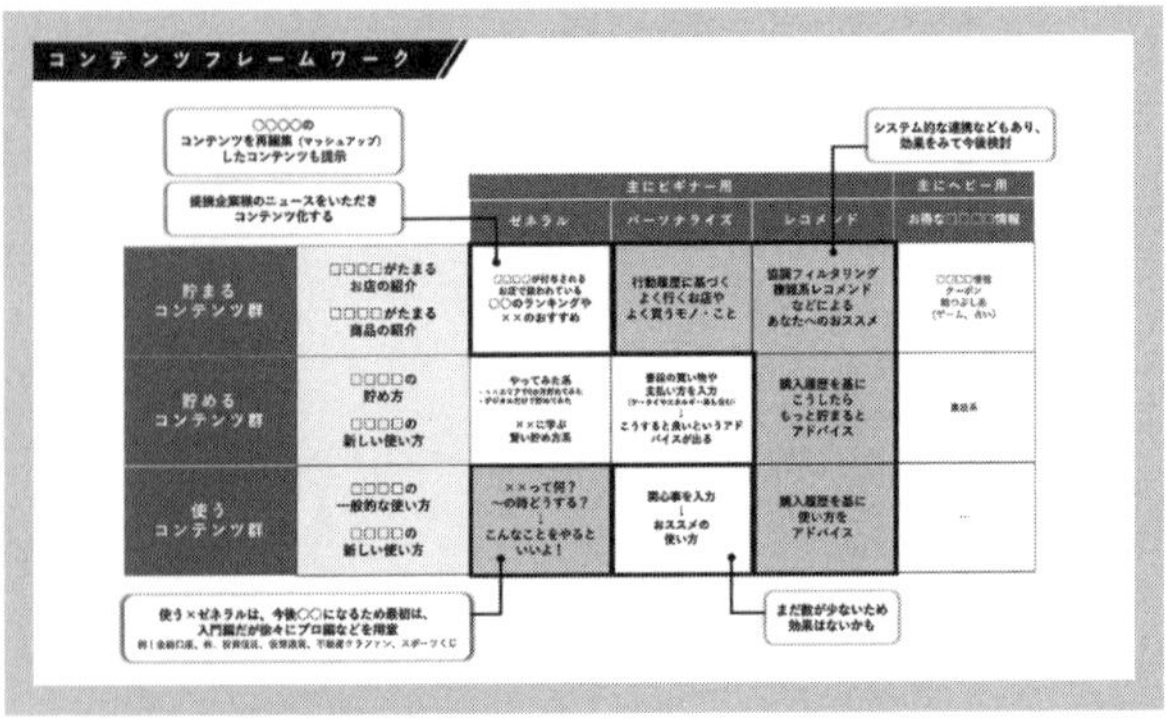

施策の素案をGIVEして課題（感）を聞き出す①

クライアントの顧客のサービス利用状況に合わせて、「こういうコンテンツが用意できるかもしれませんが、どう思われますか？」ということから、課題感を聞く例です。コンテンツそのものはつくり込まず、まずはフレームワークでディスカッションできるようにしておくと良いでしょう。

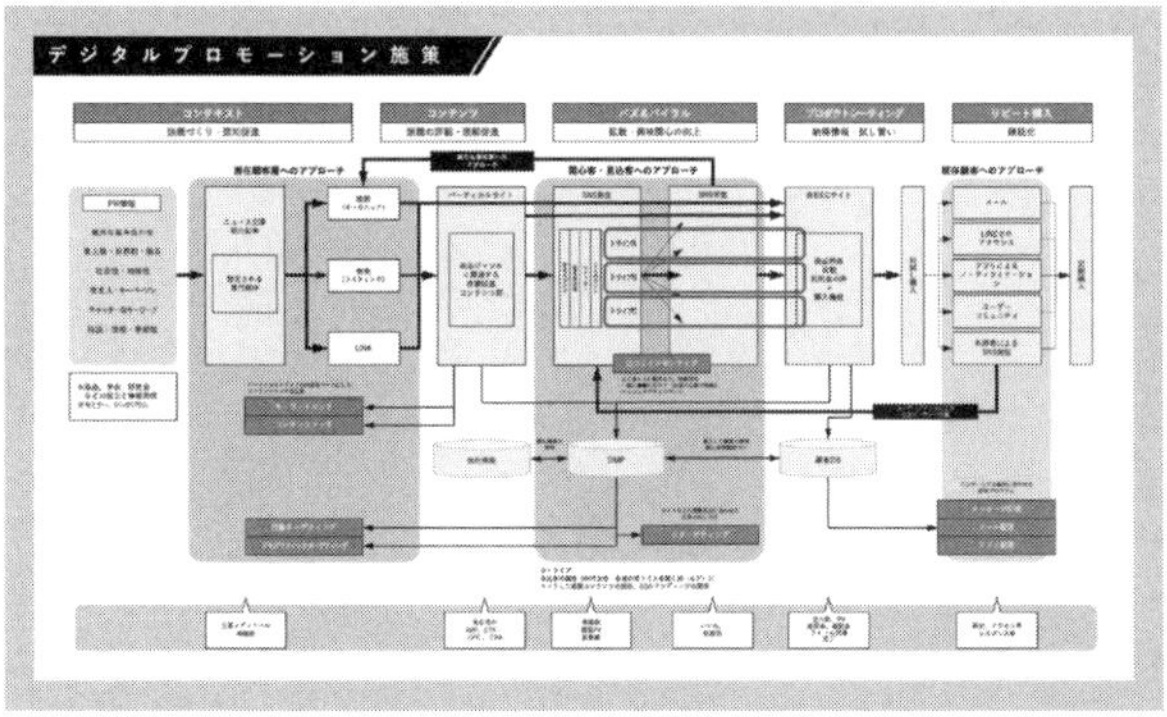

施策の素案をGIVEして課題（感）を聞き出す②

「通常デジタルマーケティング施策は、このような全体像が描けますが、御社はどのあたりに課題感をおもちですか？」「どこができていて、どこができていないとお考えですか？」などと、ヒアリングに使えるフレームワークを用意します。しかし、フレームワークがクライアントの業界からズレていると使いものになりません。必ず、クライアント先にフィットするようなフレームワークにカスタマイズした上で見せることが重要です。

❷「気づかせ提案」では、GIVEしてテーマを創ろう

課題（感）はまだ把握できていなくても、データがある場合――例えば、新規クライアントであっても、同業界の知見がすでにある場合や既存クライアントのＷｅｂサイトのアクセスデータ、製品の利用データ、エンドユーザーの購買データ……などを閲覧できるような状況になっている場合は、あなたから確からしいデータを基にして課題（感）そのものをＧＩＶＥしてみます。

提案先の例

得意先としては、

- あなたが知見をもっている業界の新規クライアントの担当者
- 新しい課題（感）が聞き出せていない既存クライアントの担当者

気づかせ提案のトークイメージ

○○のデータを分析しましたら
△△という課題がありそうです。
直近で□□のような施策を
打っておいたほうが
良さそうなのですが
一度お話できませんか?
え、そうなんですか……
少し気には
なっていたのですが。
聞かせてください!
データ
分析
打ち手

●既存クライアントで、要所要所で会える担当者の上長やキーマン

……などへの提案となります。

アポイント時にGIVEするものの例

●新規クライアントへの【メール文面例】

〇〇業界における最近のトレンドは、××と伺っております。実際にネットにおける検索ワードでも、昨年から××に関するクエリや関連語が急増し、当社でも分析したところ、**お客様のニーズは〇つに分かれ、それぞれに打ち手を考える必要があると**思われます。このあたり一度ご紹介させていただければと存じますが、いかがでしょうか？

●既存クライアントへの【メール文面例】

貴社のＷｅｂページの〇〇のデータを拝見しておりましたところ、〇〇の数値が気になりまして××を調べさせていただきました。そうすると、△△のような分析ができ、□□を実施したほうが良いというような仮説が立てられるかなと存じますが、よろしければ具体的な施策も併せて概要をご報告させていただけないでしょうか？

……などと、データを基にした課題（感）をこちらからGIVEすることで、クライアントの関心を引き、まずアポイントを獲得していきます。

アポイント日程の設定

クライアントには、「確からしいデータから仮説となる課題を出してみた」という話をしているため、そのロジックをわかりやすく、ヌケがないようにまとめておく必要があります。まだクライアントに何が刺さるかわからない状態ですので、仮説となる課題は1つに絞り込まず複数案用意し、幅広くディスカッションできるとベストです。その準備期間を踏まえた日程調整をしてください。

具体的な施策の素案は、どちらかと言えば「おまけ」ですが、ありきたりのものではなく、ニュース性や面白味のある施策を用意しておきたいものです。最終的には、現実的な案になるかもしれませんが、初回のジャブ提案時にさまざまな意見を聞いておくという意味でも目新しい案を用意するのはおすすめです。

初回ジャブ提案のゴールとそのためのポイント

気づかせ提案では、２回目のジャブ提案につなげることが最初のゴールです。そのために、

「気になっていたことだが、確かにそういう考えもできそうだな」

「その方向で少し深堀りしてみても良いかもしれないね」

「こういうデータもあるけど、何か使えないかな?」


……などと、あなたが提示する課題（感）に共感してもらったり、クライアント企業の情報を開示していただいたりすることが重要なポイントになります。

聞き出し提案のトークイメージ

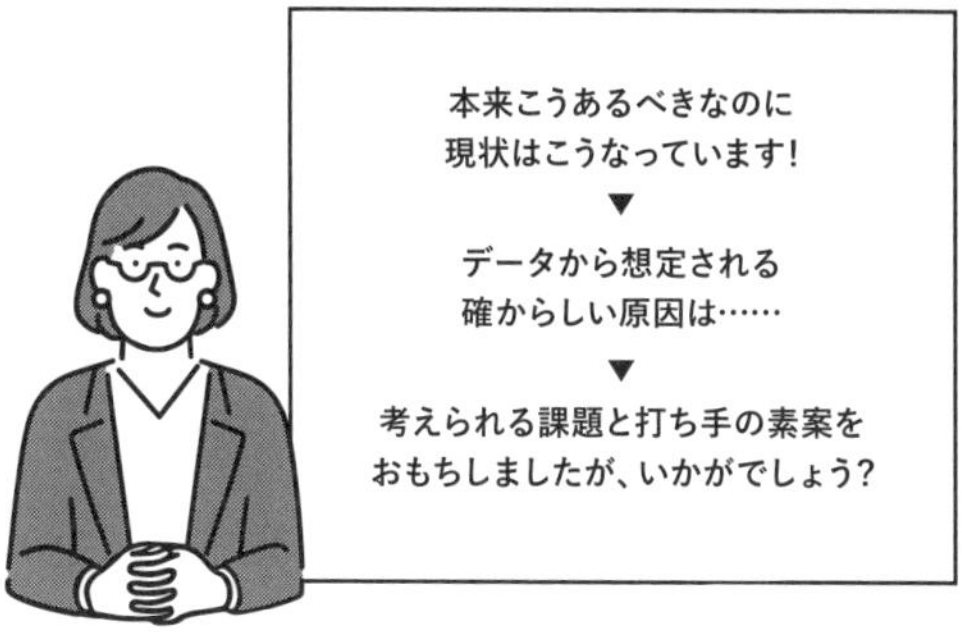
本来こうあるべきなのに
現状はこうなっています!
▼
データから想定される
確からしい原因は……
▼
考えられる課題と打ち手の素案を
おもちしましたが、いかがでしょう?

初回ジャブ提案時にGIVEするもの

あなたが提案するテーマをしっかり裏付けるため、問題提起とその問題の原因を探るための確からしいデータを提示します。その上で、原因をとり除くための課題を設定した一連の資料を用意しましょう。

提示するアウトプットのイメージ

初回ジャブ提案のアウトプットのイメージとして、後編でご紹介する提案思考フレームワークの「基礎情報収集・理解」や「問題抽出」、「原因推定」、「課題設定」でまとめた資料を例示します。

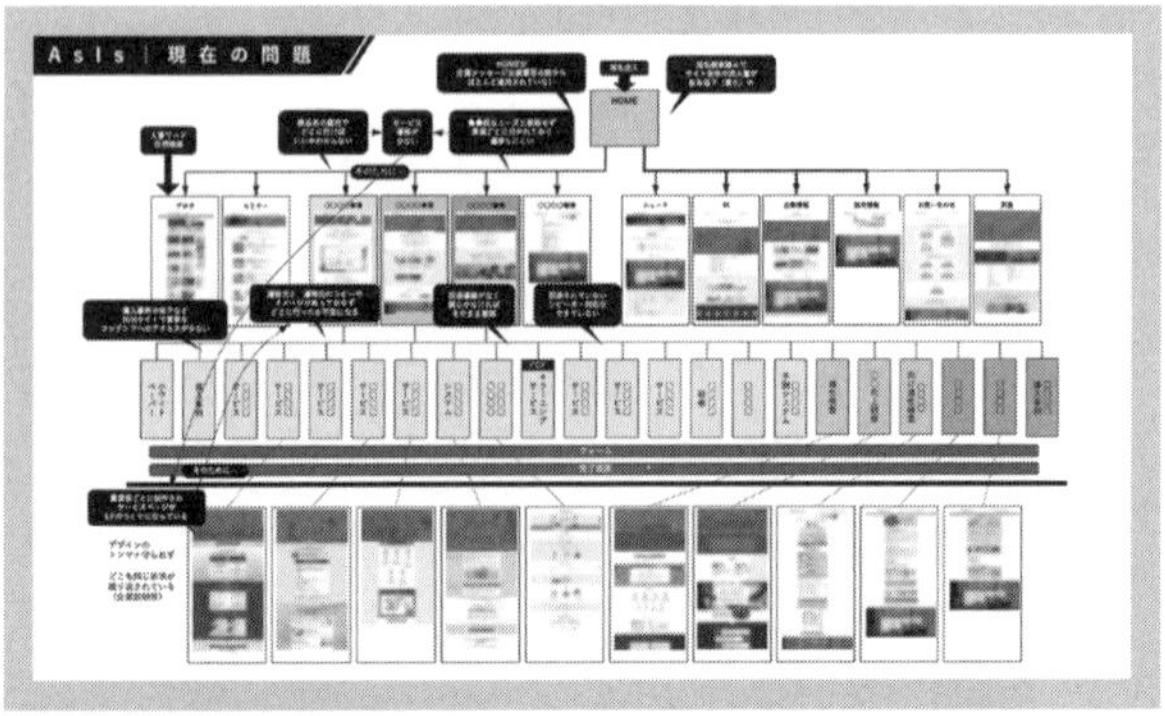

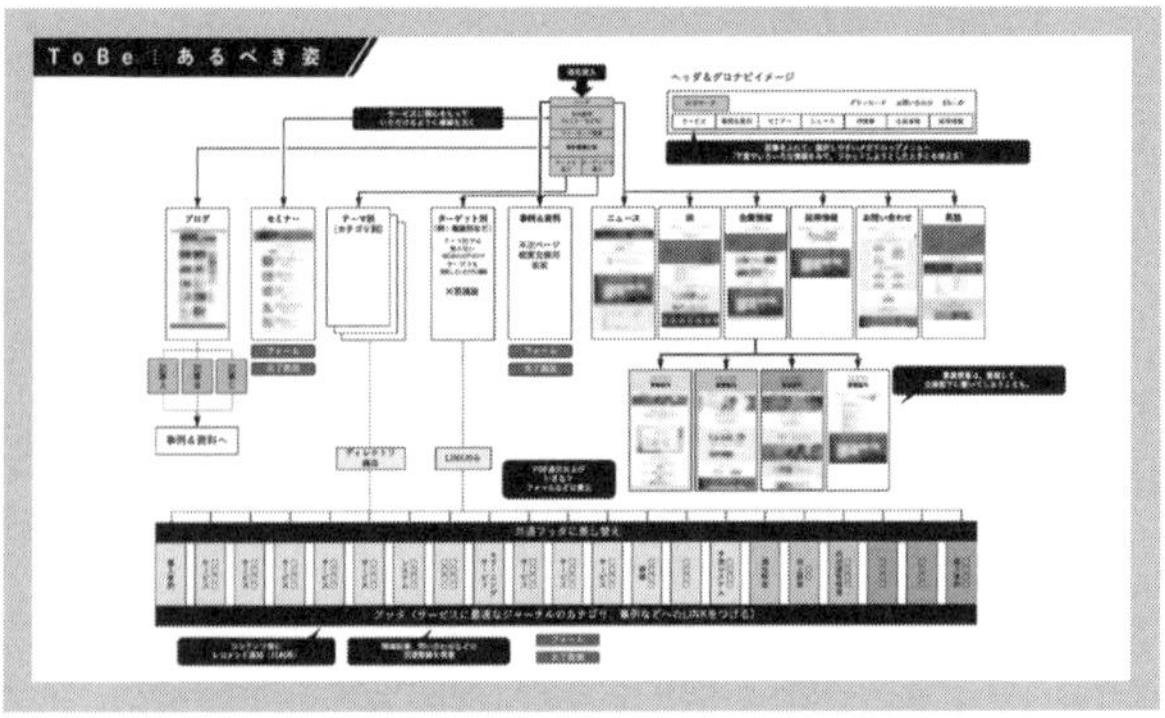

ファクトから問題を抽出した資料をGIVEして、意見を伺う

例えば、Webサイトのアクセスログ情報などを提示し、AsIs（現状のサイト）として、問題点を指摘。では、どうしたら良いか？という解決策として、ToBe（あるべき姿）もまとめ、どこをどのように改善すべきかというディスカッションを進めます。ToBeはまだ仮説レベルで充分ですが、「現実的な改修」と「夢のある改修」など複数の方向性を用意し、議論が拡散できるように配慮しておくと、クライアント側も意見しやすくなります。

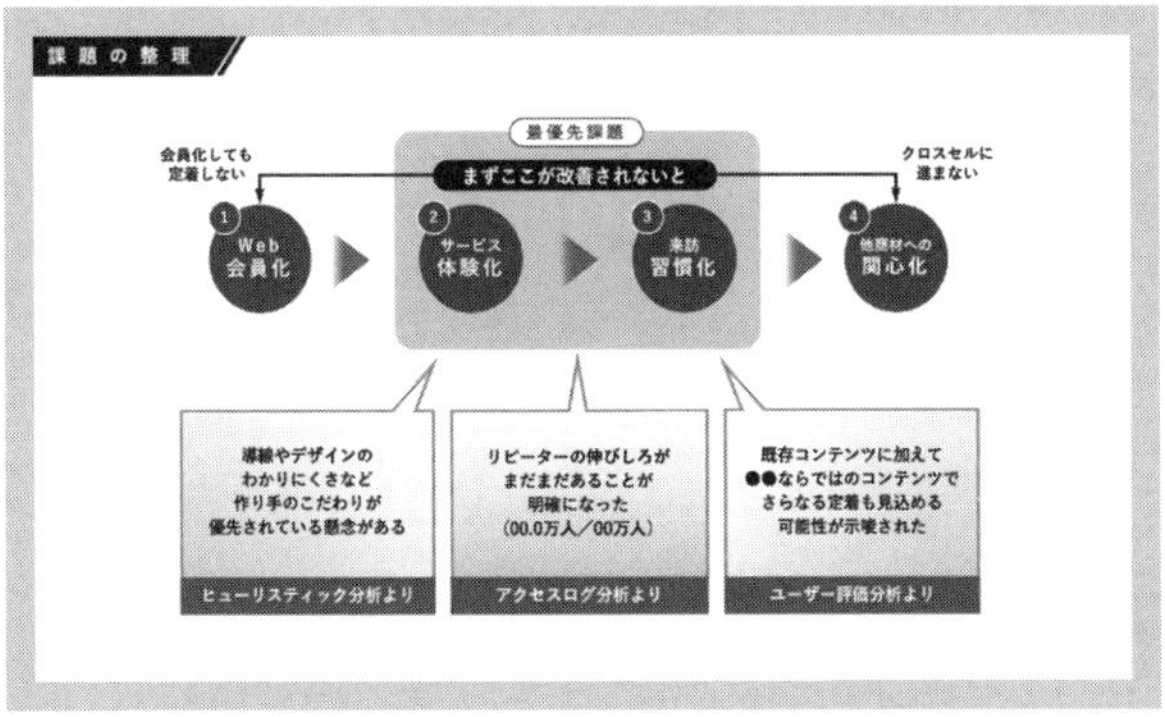

課題を簡潔にまとめた資料をGIVEして意見を伺う

顧客行動を追体験したヒューリスティック分析結果やWebサイトのアクセスログなどの数値データをもとに問題を指摘し、原因を推定した上で、課題を設定します。単純な図解でわかりやすく課題とその理由を提示し、ディスカッションを進めていく方法です。

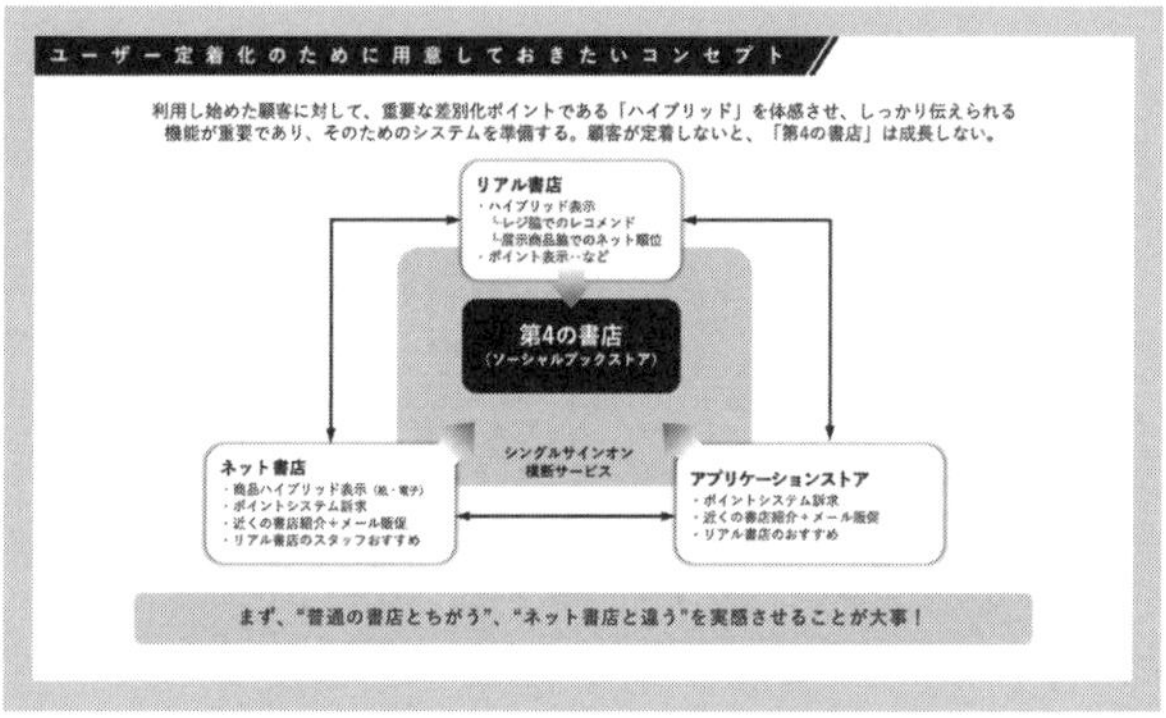
ユーザー定着化のために用意しておきたいコンセプト
利用し始めた顧客に対して、重要な差別化ポイントである「ハイブリッド」を体感させ、しっかり伝えられる
機能が重要であり、そのためのシステムを準備する。顧客が定着しないと、「第4の書店」は成長しない。
リアル書店
・ハイブリッド表示
└レジ脇でのレコメンド
└展示商品脇でのネット順位
・ポイント表示…など
第4の書店
（ソーシャルブックストア）
シングルサインオン
横断サービス
ネット書店
・商品ハイブリッド表示（紙・電子）
・ポイントシステム訴求
・近くの書店紹介＋メール販促
・リアル書店のスタッフおすすめ
アプリケーションストア
・ポイントシステム訴求
・近くの書店紹介＋メール販促
・リアル書店のおすすめ
まず、"普通の書店とちがう"、"ネット書店と違う"を実感させることが大事！

コンセプトワードをまとめた資料をGIVEして意見を伺う

課題をグルーピングし、キャッチーな言葉でまとめることで、やるべきことがグッとわかりやすくなります。グルーピングの仕方を変えたり、キャッチーな言葉を複数用意したりしても良いでしょう。課題をコンセプチャルにすることで、そのあとの具体的な施策アイデアが考えやすくなり、クライアントとのディスカッションが進みます。

❸「シナリオ提案」では、GIVEして実行するための大義名分を明確にしよう

クライアントの課題（感）は把握しているものの、まだクライアント自身が本気で考えているかどうか見極めがつかず、あなたがその課題（感）に関するデータ収集に本腰を入れて取り組むべきか躊躇していることはないでしょうか？

このようなケースでは、クライアントは「やるべき」というミッションはあるものの、本当にそれに取り組むべきか……と、いまひとつ腑に落ちていないケースが多いかもしれません。クライアントにとってそれを実施したほうが良いと考えるなら、実現に向けて自主的にシナリオを提案してみましょう。ここで言うシナリオとは、「課題感を現実味のある施策にしていくための道筋」のことです。

提案先の例

クライアント企業の担当者がもっている「ふんわりとしたテーマ＝課題感」の例として

は、

「○○事業部もＤＸやＡＩで新しいビジネスを創出しないといけないとは思うが……」

「他社で展開している採用ブランディングに取り組むべきか……」

「上からアプリをつくれと言われているが、本当に必要なのか？」

……などというもので、まだ強い意思をもって進めていくための裏付けや参考になりそうな情報の収集が進んでいない状況です。

クライアントからは、新規・既存問わずこのような情報をたびたび聞きますが、後述しているやり方はどちらも一緒です。

ただ、新規クライアントは、その検討背景などを充分把握できていないため、提案のリスクは高まります。あなたの会社が戦略的に獲得したいクライアントとして位置づけているかを確かめてから、提案のリソースを確保しましょう。

シナリオ提案のトークイメージ

先般おっしゃっていた
〇〇の件ですが、
実現できたら？
実現できなかったら？
というシナリオを書いてみたのですが、
ご意見いただけますか？
実現できたときの全体像
懸念ポイント
忙しくて手が付けられてなかったので一度、
聞かせてください！

アポイント時にGIVEするものの例

【メール文面例】

先般「やらないといけなそう……」とおっしゃられていた〇〇の件ですが、**目的は□□を△△にするためということで理解していますが、よろしいでしょうか？** その場合、もし実現できたら？ 貴社のビジネスはどうなるのか？ というケースのシナリオを描いてみたのですが、一度ご意見いただけないでしょうか？

先般「そろそろ○○しないと……」とコメントをいただいた件ですが、**目的が□□を△△にするためということでしたら、いくつかの方法をご提案できそうです。**現在当社が入手できている情報から考えられる範囲で恐縮ですが、**具体的な案やその想定効果をまとめてみました**ので、お時間をいただくことは可能でしょうか？

と伝え、実現のイメージやユースケースの活用イメージなどを提示して、ディスカッションを進めてみましょう。ここで忘れてはいけないのは、最初に提案の方向性がズレないように、「目的」を確認しておくこと。クライアントは、真の目的をあなたにきちんと伝えていなかったりすることがあるからです。提案時に、こちらからも目的をしっかりテキスト化して、目線をすり合わせるようにしていきましょう。課題感といった、ややあいまいな状態からスタートする場合、この「目的確認」の作業はとても重要です。

アポイント日程の設定

アポイントの連絡の際に「シナリオを描いてみた」とお伝えしてしたとしても、まだ細部まで充分に描けている必要はありません。しかし、描けそうなフレームワークをあらかじめもっていないと困ります。

あなたにその知見がないようなら、先に実現した他企業の情報収集、そこから考えられるPROS．&CONS．（プロコン＝良し悪し）などを調べて、実現可能性の高いプランニングができそうな肌感をつかんでから、アポイントをとっていきましょう。

ここで、やらないほうが良いとなった場合は、この件では提案をしないか、良し悪しを検討した上で代替案を用意して提案に臨みましょう。難易度の高い提案ですので、提案の可否は一人で悩まずに、上長に早めに相談してください。

初回ジャブ提案のゴールとそのためのポイント

次のアクション（2回目のジャブ提案）につなげるために、担当者から、

「確かにこういう考え方でまとめれば、やる価値がありそうだ」

「別の案で推進したほうが良さそうかも」

「当社の場合は、こういう考え方でまとめたほうが、社内メンバーを巻き込める」

……などと、シナリオの方向性を検討してもらいながら、「課題感」→「課題」へと、明確に位置付けていただくことを最初のゴールとしてみます。

初回ジャブ提案時にGIVEするもの

実施した場合やしなかった場合のPROS.&CONS.を、クライアント企業の視点で、まずはざっと描いてみましょう。できれば、「1枚絵」(全体像)として、こういう世界が成立するというようなイメージがあると議論が進みます(88ページ参照)。

例えば、

- ターゲット顧客の1日の生活がこんな風に便利に変わる
- 商品の検討期→購入期→利用期にわたる顧客の情報取集がこんなにラクになり、データ活用の機会がこんなに増える

- 製造プロセスが圧倒的に短くなり、短縮コストを別のワークに充てられる

……などのような、時間軸やプロセス軸で全体図を描いて、そこに良し悪しの評価をしていくというものが一般的です。

ここに、数字を伴った効果予測などもあるとベストですが、最初から数字をいれなくても、ディスカッションを通じてまとめていけば良いでしょう。まず、全体が見渡せる検討材料を提示することが重要です。全体像の書き方のポイントについては、拙著『データドリブンマーケティングがうまくいく仕組み』に記載しています。

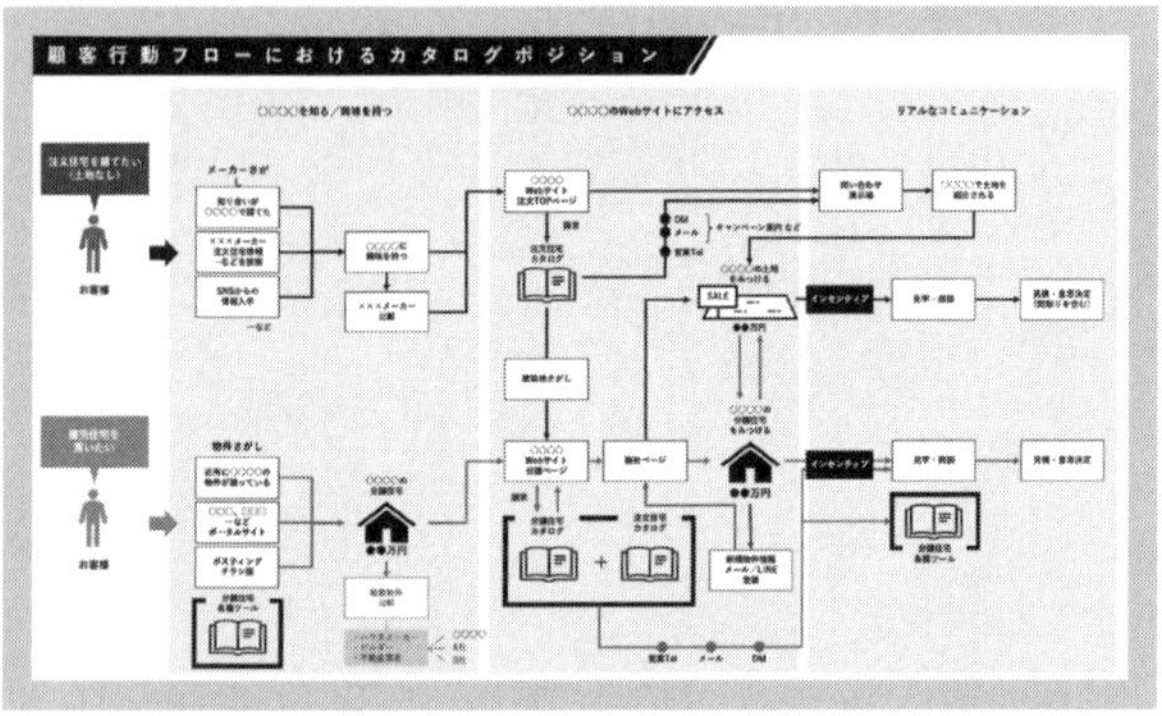

顧客購買行動という「全体像」の中で販促物をマッピングした資料をGIVEして、何をどうしたいか意見を伺う

例えば「内容が古くなっている販売促進ツールを変更しなければいけない（が、いつどのようにするか決めていない）」というミッションをおもちのクライアントに対しては、現在エンドユーザーの購買行動の中で、Webサイトやアプリ、販促資料やカタログなどがどの位置で使われているのか？という「全体像」を示してみるのも手です。このような資料を基に、「こうしたら、〇〇の数値が改善できるのではないか？」という提案を書き加えたディスカッションペーパーを用意し、そのPROS.&CONS.を説明しながら、本提案に結び付けていくという方法もあります。

提示するアウトプットのイメージ

初回ジャブ提案のアウトプットのイメージとして、後編でご紹介する提案思考フレームワークの「与件の整理」や「施策策定」「予算設計」「効果予測」でまとめた資料を例示します。具体的な「施策」については、別ページの内容をご覧いただくとして、ここではPROS.&CONS.をまとめたものを掲載します。

シナリオ提案では、的確な情報の収集と情報編集力がモノを言いますが、キャリアの浅い方は、最初からベストなアウトプットは出せなくて当然です。勉強させてもらうつもりで情報を収集・整理していくというところからスタートし、成功体験を積んでいきましょう。「シナリオ提案」をすることで、クライアントについて知らなかった細かな部分がわかったり、自ら全体像を描く力をつけるトレーニングになったりすることは間違いありません。

上達する秘訣は、途中で投げ出さずシナリオを描き上げること。そして、自分で描いたものをクライアントに直接説明して、直接指摘を受け、修正をしていくことです（代理店

シナリオ提案のトークイメージ

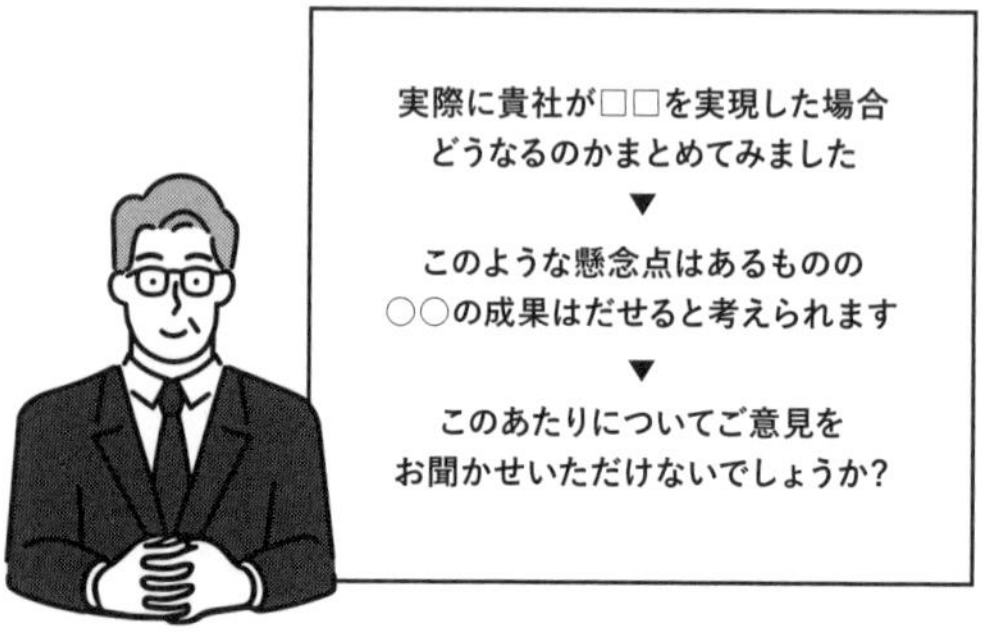
実際に貴社が□□を実現した場合
どうなるのかまとめてみました
▼
このような懸念点はあるものの
○○の成果はだせると考えられます
▼
このあたりについてご意見を
お聞かせいただけないでしょうか？

などのスタッフを間に挟むと、あなたの成長スピードは落ちてしまいます）。これを無駄な時間と捉えるのか、あなたのプランニング能力を伸ばす投資と捉えるかは、上長・マネジャーの意識次第です。

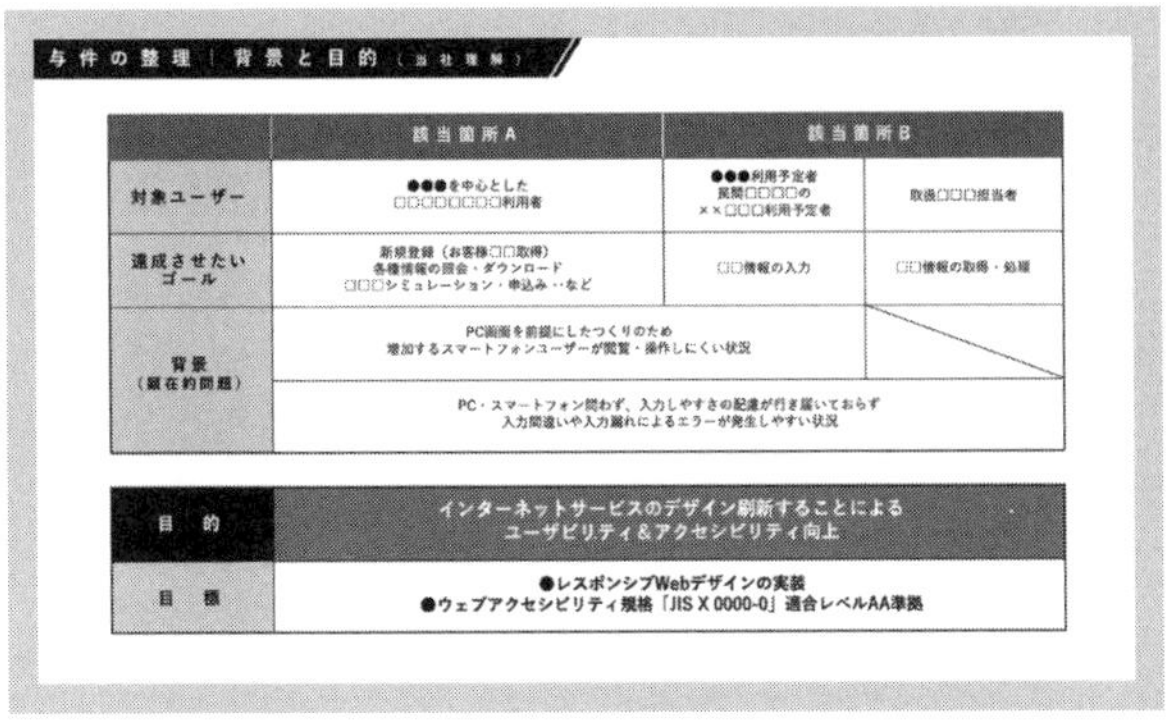

あいまいな課題感をこちらの想定でテキスト化したものをGIVEして意見を伺う

口頭でお聞きしたあいまいな課題感を「背景や目的の整理」と称してまとめ、施策のゴールまで記載して、「当社理解にはなりますが、こういうまとめ方はいかがでしょうか？」と、クライアントに伝えてみましょう。クライアントもテキストにされると、何をやらなければいけないのかがハッキリしますので、具体的にどんなことをやっていけば良いかが見えてきます。こういうプロセスをクライアントと共有すると、信頼感の醸成にもつながります。

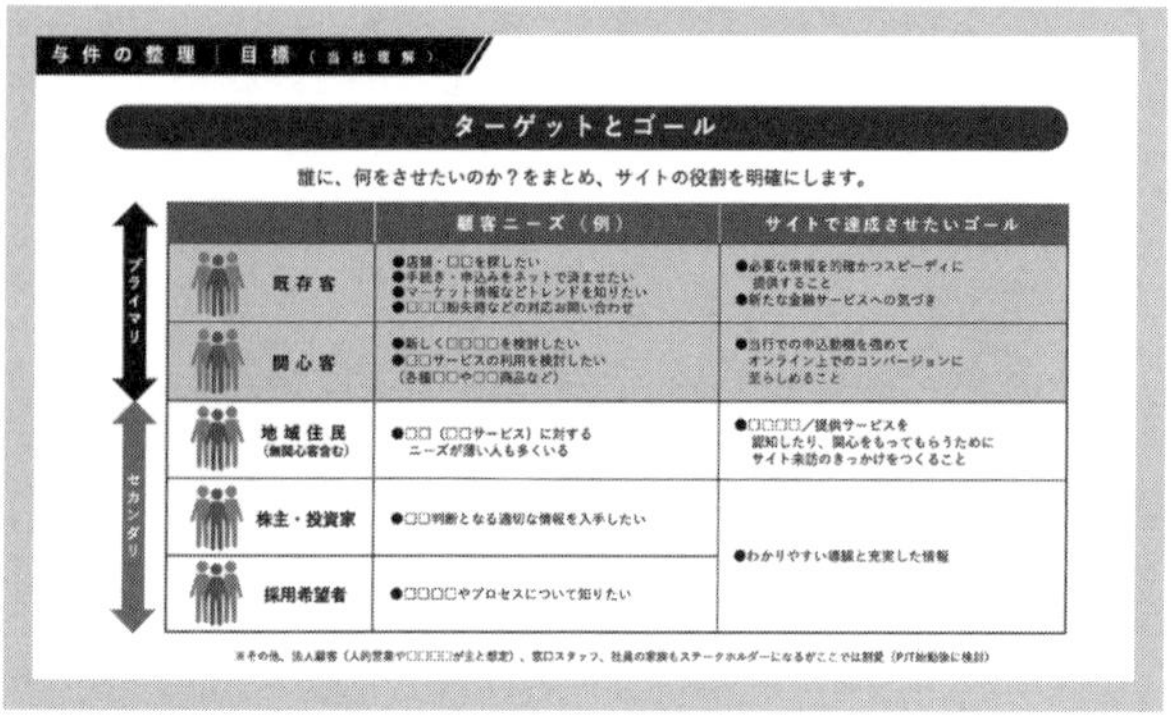

ターゲット顧客を細分化した資料をGIVEして優先施策を伺う

クライアントが考えている「顧客」が、まだあいまいなら、あなたから「考えられる顧客像やそれぞれのニーズや態度変容のゴール」などを提示することで、課題がハッキリしてくることもあります。このように、「誰に、何をさせたいか？」を一覧化することで、達成すべき目的の優先順位をクライアントと共有することも可能です。

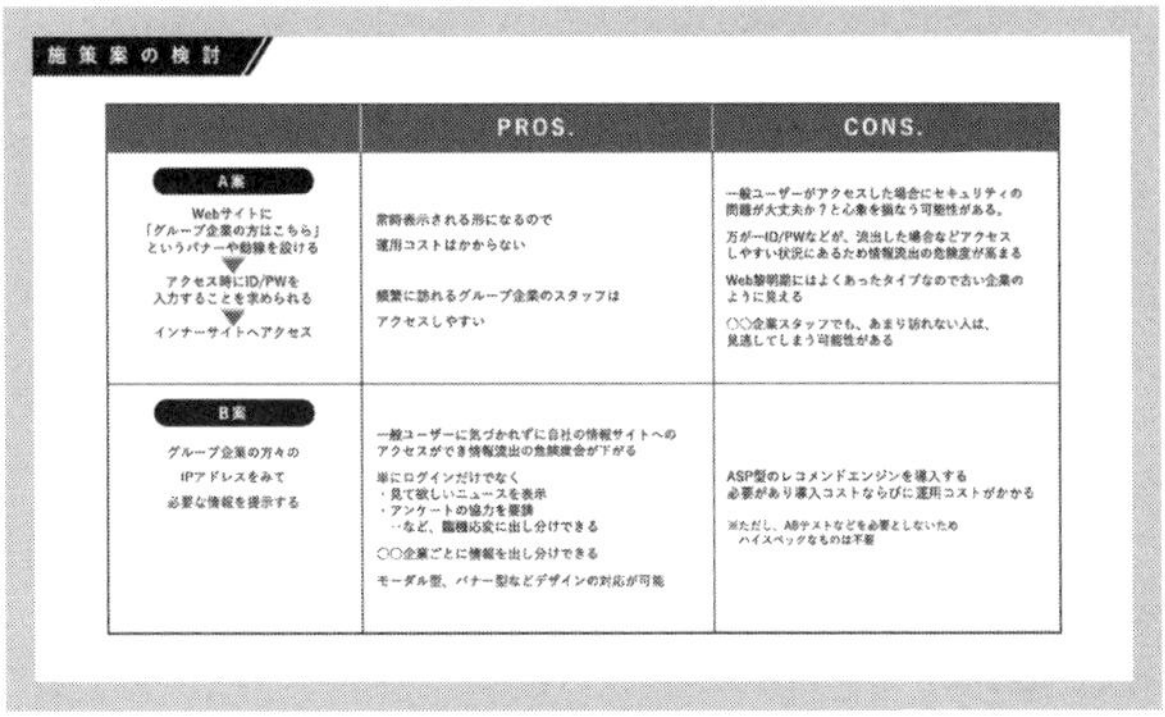

施策案の検討

	PROS.	CONS.
A案 Webサイトに 「グループ企業の方はこちら」 というバナーや動線を設ける ▼ アクセス時にID/PWを 入力することを求められる ▼ インナーサイトへアクセス	常時表示される形になるので 運用コストはかからない 頻繁に訪れるグループ企業のスタッフは アクセスしやすい	一般ユーザーがアクセスした場合にセキュリティの 問題が大丈夫か？と心象を損なう可能性がある。 万が一ID/PWなどが、流出した場合などアクセス しやすい状況にあるため情報流出の危険度が高まる Web黎明期にはよくあったタイプなので古い企業の ように見える ○○企業スタッフでも、あまり訪れない人は、 見逃してしまう可能性がある
B案 グループ企業の方々の IPアドレスをみて 必要な情報を提示する	一般ユーザーに気づかれずに自社の情報サイトへの アクセスができ情報流出の危険度合が下がる 単にログインだけでなく ・見て欲しいニュースを表示 ・アンケートの協力を要請 …など、臨機応変に出し分けできる ○○企業ごとに情報を出し分けできる モーダル型、バナー型などデザインの対応が可能	ASP型のレコメンドエンジンを導入する 必要があり導入コストならびに運用コストがかかる ※ただし、ABテストなどを必要としないため ハイスペックなものは不要

施策のPROS.&CONS.をまとめた資料をGIVEして意見を伺う

何らかの施策を提示した場合、各施策を並べてPROS.&CONS.（プロコン＝良し悪し）を提示して、意見を伺ってみます。施策の期待できる成果やコストメリット、リスクや留意点を一目で理解できるため、クライアントの意見を聞き出すのに役立ちます。

開発手法の比較

	パッケージ導入	ノーコード開発	スクラッチ開発
サービス名	AAAA	BBBB	CCCC
開発会社名	株式会社□□□□	株式会社□□□□	株式会社□□□□□
主な特徴	ユーザーと専門家の「人」をマッチングするプラットフォームのパッケージを提供	「□□□」というノーコードのシステムコンポーネントによる省コスト・短納期なシステム開発	日本で教育されたベトナムスタッフによるオフショア開発が可能 過去の構築アセットに基づいたパッケージによる開発
初期構築のしやすさ	◎ （機能要件が合致すれば）	◎ コンポーネントの組み合わせ	○ パッケージをベースに構築
PDCAのまわしやすさ	× 機能拡張は難しい	◎ コンポーネントの追加で対応	○ カスタマイズは柔軟

初期構築とPDCAの
両面の柔軟性を兼ね備える

ツール類のPROS.&CONS.をまとめた資料をGIVEして意見を伺う

施策にツールを活用する場合は、そのPROS.&CONS.（プロコン＝良し悪し）を用意すると、クライアントの意見を聞くのにも大いに役立ちます。ネット上にあるものや生成AIなどに問い合わせた結果をそのまま使うのは、アップデートされていなかったり、アフィリエイト（特定の企業に優位な）情報だったりするので禁物です。クライアントに提示するなら、一度、自分で資料をとり寄せたり、詳しい人に聞いてみたりして確かめてみましょう。

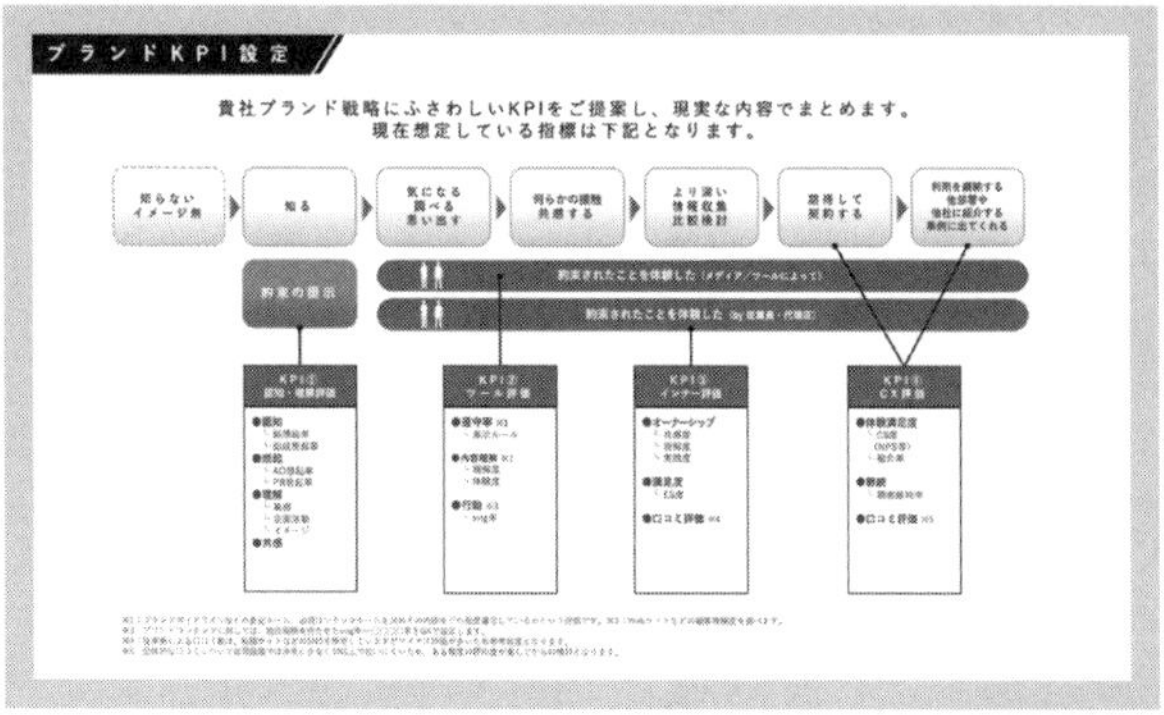

想定KPIをまとめた資料をGIVEして注力したいポイントを伺う

何らかの施策案を提示した場合、その想定KPIを提示し、やる意味があるかどうかを数値で議論できるようにしておくと、クライアントも社内稟議の際にどんな説得をすれば良いかが見えてくるので、ディスカッションが進みます。このサンプルは、ブランド戦略策定プロジェクトにおいて、企業のブランドKPIを策定した例です。KPIを提示できるのは、具体的なノウハウをもっているアピール材料にもなりますし、今後も併走してもらえそうだという期待値アップにもつながります。

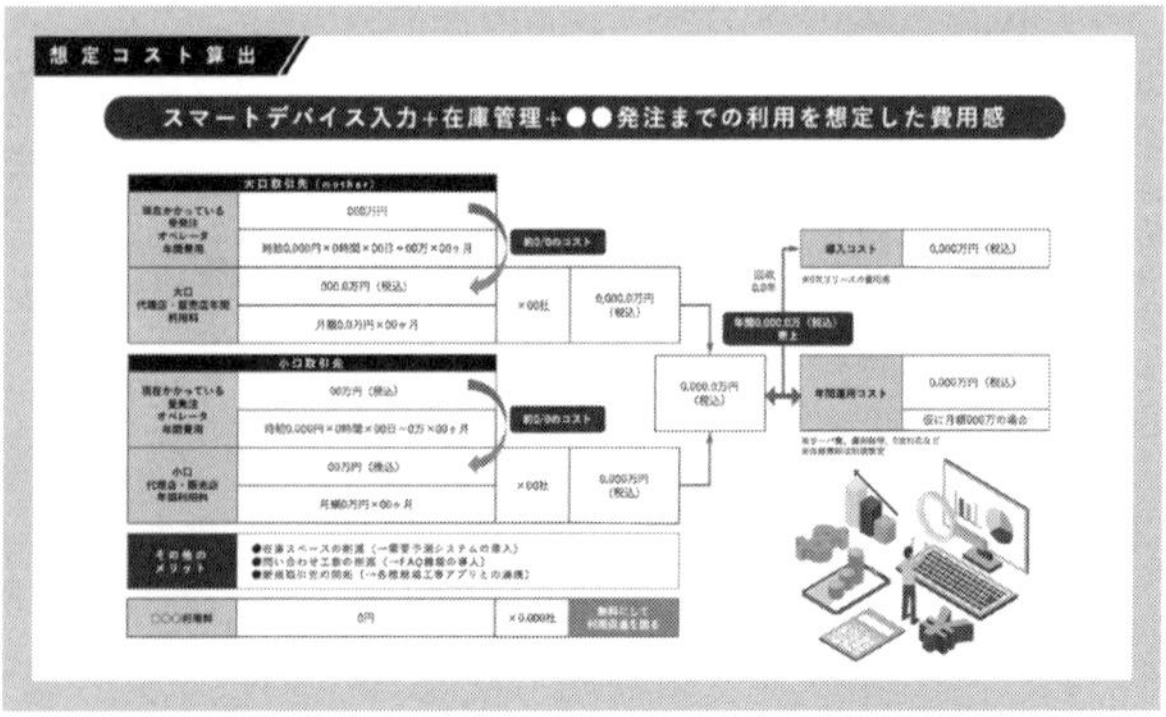

費用対効果をシミュレーションした資料をGIVEして意見を伺う

施策案を仮に行った場合、その実施コストと見込まれる成果（KPI）もしくは想定売上を概算で算出することで、実施する意義などがわかりやすくなります。まだ粗い状態なので、さまざまな条件付きにはなりますが、推進すべきか否かの参考にはなるでしょう。より細かい（具体的な）数字をクライアントから求められたら、予算を組んでプロジェクト化していただけないか相談してみましょう。

❹「推進提案」では、GIVEして具体的にプロジェクトを進めよう

クライアントのテーマを把握し、そのテーマを推進するための情報やデータもあるなら、具体的にどのように進めていけば良いか？　といった、やり方を早々に提案すべきです。複数案を用意し、それぞれのＰＲＯＳ．＆ＣＯＮＳ．（プロコン＝良し悪し）を提示して、推進役・とりまとめ役となり、積極的にプロジェクト計画書までつくり上げていきましょう。

提案先の例

クライアント企業の担当者は、期限の決まった明確なテーマをもっていて、既存の業者に依頼しようか？　コンペにしようか？　新規の取引先に依頼しようか？　などと、パートナーを思案中です。

推進提案のトークイメージ

「○○をご検討中」と伺った件、
当方でも過去に同じような
プロジェクトの経験があるので、
具体的な進め方や試案を
考えてみました。
ご提案の機会をいただけますか？
柔軟に対応できそうな計画書
失敗しない方法
実績があるところから話が聞けるのはいいね。

アポイント時にGIVEするものの例

先般「○○をご検討中」とおっしゃっていた件ですが、当方でも過去に同じようなプロジェクトの経験があるので、**具体的な進め方や試案を考えてみた**のですが、ご提案の機会をいただけないでしょうか？

と、プロジェクト計画書を用意していきます。

アポイント日程の設定

過去に同じようなプロジェクトを推進したことがあったとしても、今回提案するクライアント企業ならではの事情や実施タイミングなどにより、以前の提案書がそのまま使えるとは限りません。今回、どんなケースが考えられるのか？　をチームメンバーで出し合い「最低限ここまではしっかりカスタマイズしないといけない」というイメージが立てられてからアポイントをとっていったほうが良さそうです。しかし、あなたの競合となる企業の営業活動も活発でしょうから、できるだけスピーディに対応することが望まれます。仮に、全く同じようなプロジェクトの経験がなくても、あなたの企業の他のメンバーやパートナー企業などを巻き込んで実績を提示しても良いでしょう。

ジャブ提案のゴールとそのためのポイント

このケースであれば、ジャブ提案を何回も行うというより、初回のジャブ提案である程度納得性のあるものを提案できないといけません。課題は明確なので、クライアントはどんどん推進できるパートナーを探しているからです。次のアクション（本提案）につなげるために、クライアント企業の担当者が「そういう方法なら実現できそうだ。安心して相談できる」「あなたと組めば進めやすい」と思っていただくことが最初のゴールです。

ジャブ提案時にGIVEするもの

ここでは後編の提案思考のフレームワークの「施策策定」に加え、具体的な「アクションプラン」と「予算策定」のアウトプットを提案します。

- ゴール、マイルストン
- やるべきこと一覧
- やるべきことの手順案
（関与者や手続きが多い場合／タイトスケジュールの場合／厳しい予算の場合……などを仮説立てし、バリエーションを出す）
- 留意点一覧

- 粗いスケジュール表（手順案の代表的なもの）
- 具体的なアウトプット事例
- クライアント企業の体制とあなたの企業の体制案
- プロジェクトの進め方案
- 概算費用

といったものになります。このように、やるべきことの手順案を複数案提示すれば、「自社の事情に合わせて柔軟に対応してくれそうだ」という期待値アップにつながるでしょう。また、いつコンペティションになってもおかしくない状況（すでに裏コンペになっているかもしれません）ですので、提案の中に、当方が考える留意点や失敗しないためのノウハウ（こういうことがあるので、こうしておくと良い）をちりばめておくと、あなたへの安心感が高まるはずです。

この提案はしっかりとしたものを1回だけ出して終わりにするよりも、継続して状況を聞きながら、こまめに新しい情報（例えば、新しいツールのご紹介、他社はこうしている

推進提案のトークイメージ

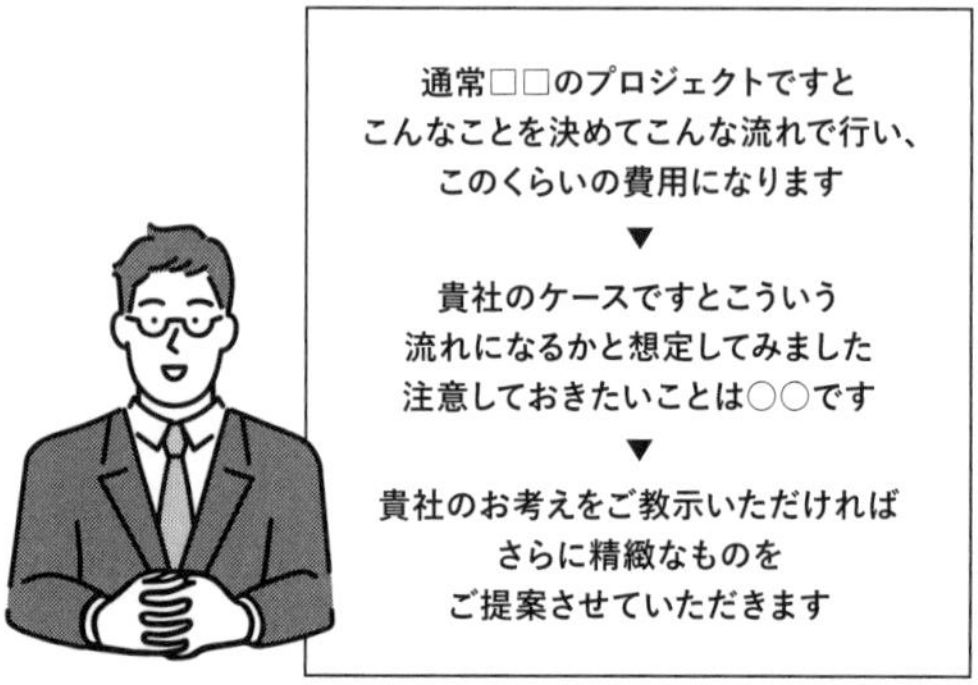
通常□□のプロジェクトですと
こんなことを決めてこんな流れで行い、
このくらいの費用になります
▼
貴社のケースですとこういう
流れになるかと想定してみました
注意しておきたいことは○○です
▼
貴社のお考えをご教示いただければ
さらに精緻なものを
ご提案させていただきます

というようなスキームなど）を提供しつつ、プロジェクト計画書そのものをアップデートしておかないと、安易に競合他社に入られてしまいますので進捗管理が大切です。

提示するアウトプットのイメージ

初回ジャブ提案のアウトプットのイメージとして、後編でご紹介する提案思考フレームワークの「施策」や「実行計画」「予算設計」「効果測定」でまとめた資料が推進提案の資料となります。ここでは「実行計画」の資料を抜粋してご紹介します。

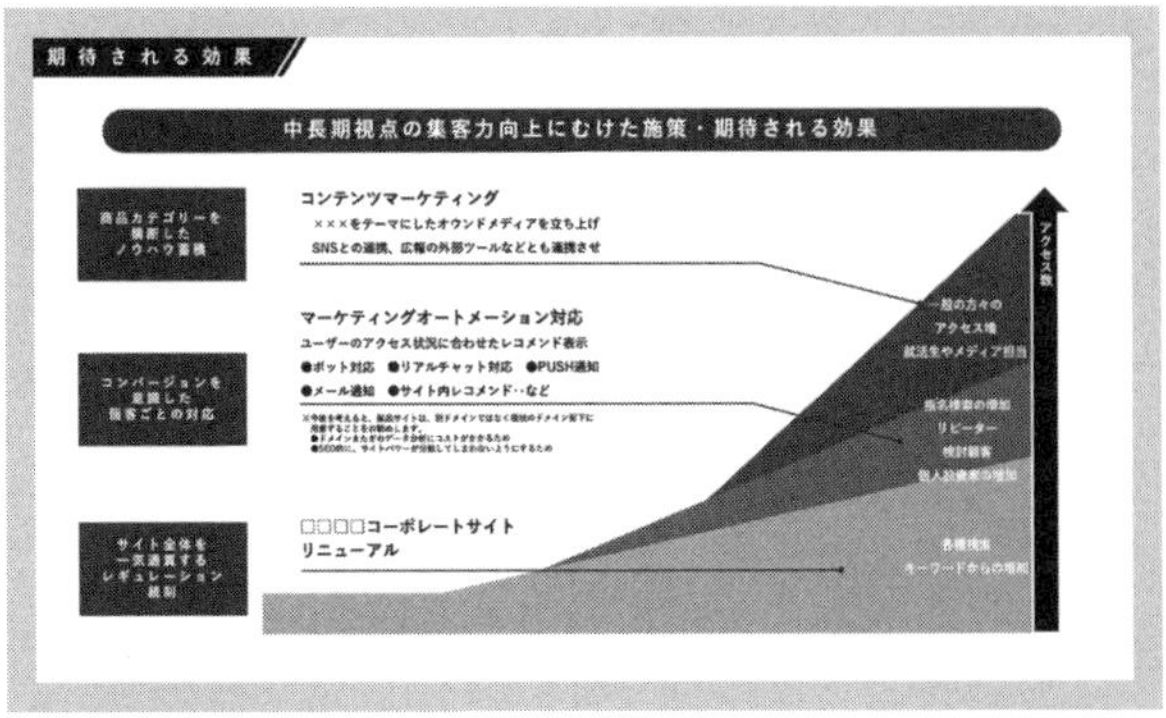

中期視点のロードマップ資料をGIVEして意見を伺う

ある施策をクライアント企業の中期戦略において、どんなポジションで位置づけるか？ 当該施策実施後の成長戦略は？ といったこともあらかじめ想定して、アウトラインを書いて議論をしてみるのも良いでしょう。先々を見据えた絵を描くことで、他の施策にも提案ができる可能性が広がりそうです。

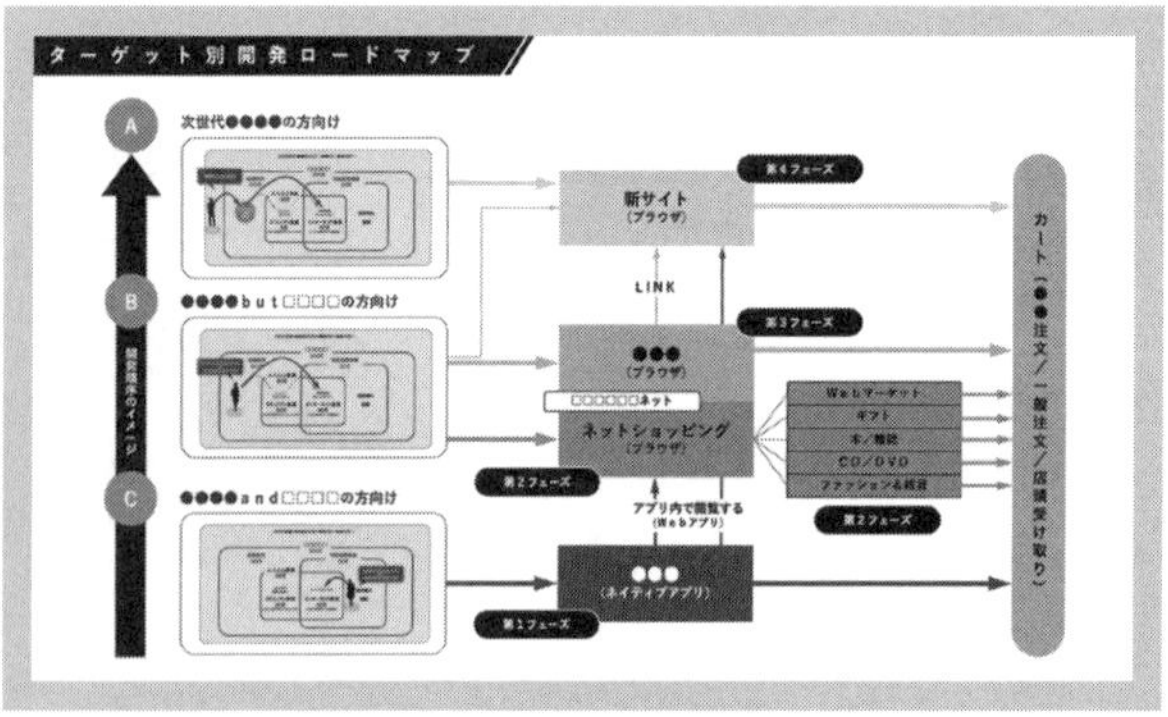

施策の進め方資料をGIVEして意見を伺う

これは、ターゲットのニーズや施策内容、どの順序で開発すべきかを一覧化した開発ロードマップの例です。こういったタタキが可視化されることで、クライアントは何をすれば良いかのイメージがつき、具体的に施策を実現するためのディスカッションが進みます。確からしく、全体が網羅的にまとまっていれば、内容は多少詰まっていなくても問題ありません。

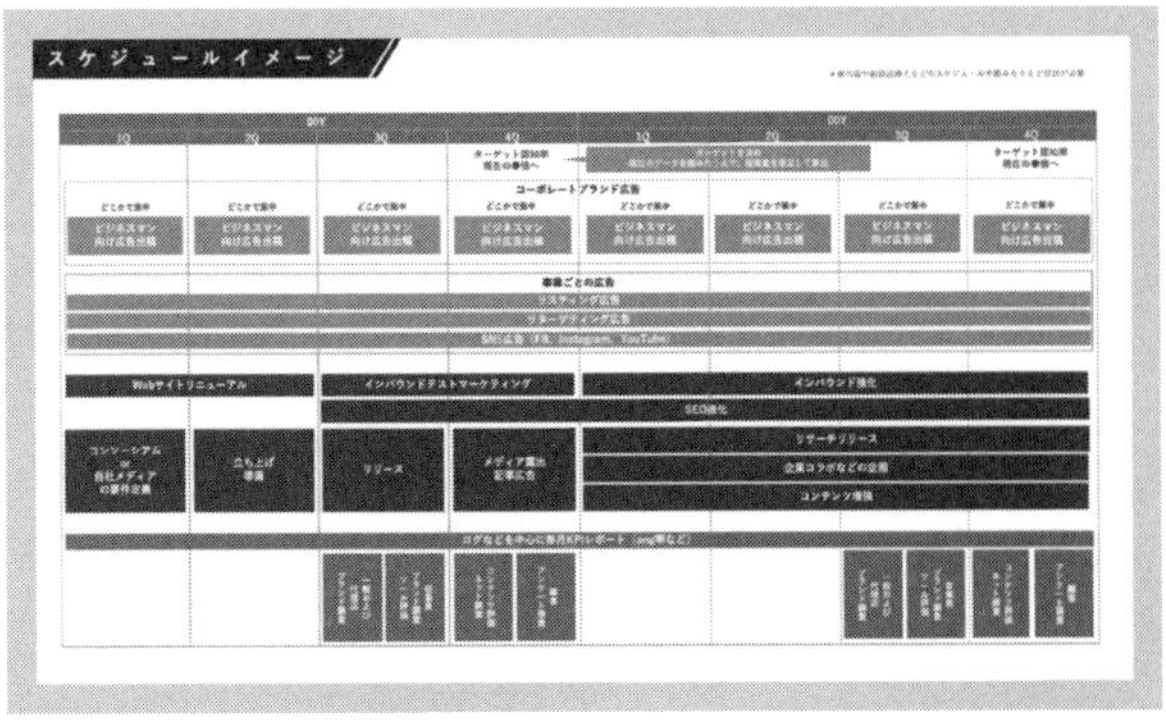

実行スケジュールをGIVEして意見を伺う

施策案を遂行する場合は、どのような手順で行われるのか？また、運用フェーズになった場合はどうなるのか？といった、クライアントの疑問をあらかじめ可視化しておきましょう。進め方が複数考えられるようであれば、そのパターンも提示するとクライアント内部で議論が進めやすくなります。

提案を成功させる下地づくり

ここからはマネジャーに向けたお話です。これまで4つのパターンの提案をご紹介しましたが、すべて先行投資として無償で行うことが前提です。提案を続けていると、途中からプロジェクト化することもでてきますが、基本的に提案がかたちにならなければ（受注できなければ）、ずっと赤字続きです。そうしないための重要なポイントがいくつかあります。

まず、提案先は、直接クライアント（エンドクライアント）に限ることです。多重請負構造の中に入ってしまうと、間接クライアントの思惑やしがらみによって、直接クライアントの情報が歪んでしまい、正しいプランニングができません。逆に言えば、間接クライアントがとても信頼できるパートナーであったり、エンドクライアントとの議論に同席させてもらえるような関係であったりすれば、これは否定されるものではありません。ただ、そういうケースは非常に稀だろうと思います。

また、クライアントのことを常日頃から理解しようとする営業担当者やプランナーを育成しなければなりません。営業組織はソリューション（商材）別カット、インダストリー（業界）別カット、クライアント別カットなどで分かれると思いますが、インダストリーやクライアント別カットでの機能をもったほうが、クライアントファーストの文化が浸透しやすいと考えられます。ですが、同じクライアントばかりを担当していると「飽き」の出てくるプランナーもいます。そういう人は、ローテーションをしたり、横断的な提案専任チームで活躍してもらうなど、組織的な工夫が必要になってきます。

さらに、営業担当者やプランナーの多能工化（バウンダリースパナー化）も重要です。「私は○○しかできないので、そういうことは提案できません」と自分のスキル領域を閉じてしまう人は、提案には向いていません。やったことがないことにも果敢に挑戦し、クライアントを満足させる（もしくは、そういう自分に価値を見出す）ということに、モチベーションの軸を置ける人を採用し、失敗してもチャンスを与えていく、難しい提案を成功させた人は大きく評価していくという組織文化が求められると考えます。

最近、スタッフのキャリアに対する「タイパ（タイムパフォーマンス）志向」がいろいろなところでとり上げられています。この仕事をして、確実に得られるものがわからなかかったりすると着手しないとか、自分がやりたいことしか仕事をしない（なぜなら、時間の無駄だから）――という意識が強いようですが、こういう人たちはギバーとしての資質に欠けており、残念ながら提案をする人には向いていないかもしれません。最初は提案をしてみるものの、なかなか成果がでないので、どうしてもすぐ成果がでるところに目が行ってしまうのです。

しかし、マネジメントの方法でテイカーからギバーへ変わる可能性があります。まず★1つの提案から実践し、徐々にレベルを上げていきましょう。★3つ以上の提案は、上長と相談しながら小さいゴール（例えば3カ月ごとの目標）をつくって、今回はジャブ提案ができたとか、次は本提案までもっていこうといった方法で、クリアしていくのです。ただし、その先にどんなキャリア像がイメージできるのか？　ということを、しっかり可視化し、共有できていなければ、目先の小さな提案しか取り組まなくなるかもしれません。そして、提案（投資）を歓迎し、良質な提案を積極的に受け入れ、提案者をパートナーとして育てていこうとするクライアント企業やご担当者を見極めることも大切なマネジャーの仕事です。

コラム

こんなときどうする？　提案書作成時の「悩み」と「解決策」

当社調査によると、「提案書を作成する際に悩んだり、行き詰まったりする」のは、

- 求められる提案内容に対して自分のスキルが不足しているとき
- これまで経験したことのない提案内容を求められるとき
- 制約条件が非常に多いとき
- 提案を急かされているとき

……といったケースが上位を占めました。これらの解決策のヒントをご紹介します。

自分のスキルが不足しているときは？

自分のスキル不足に直面した場合は、成長のチャンスとして捉えましょう。誰かに任せたり、多くを手伝ってもらったりするのではなく、経験・能力がある人からやり方を学ぶのです。具体的な学び方は2通りあります。

①提案書から思考プロセスを読み解き、真似する

社内データベースからあなたの提案に類似性のある提案資料や世の中で公開されている企画書（広告で言えば、「宣伝会議」という雑誌など）を見て、制作者はどういう思考プロセスで作成したのかを読み解き、自分の提案書にどう転用できるか考えてみてください。見せ方や書き方を転用するのではありません。何を、どの順序で考え、どの程度まで説明しているのかという点を真似るのです。

②経験のある人に参考書とその読み方を教わる

あなたの提案に類似性のある提案資料を作成した人から、直接考え方を聞くことも重要です。その際に、参考にした（参考になる）本を教えてもらいましょう。どの部分を重点的に読むべきか？　といった読み方を含めて教わることで、より短期間で理解できる可能性があります。

これまで経験したことのない提案のときは？

初めての商材の提案を求められ、情報不足に悩む場合は、知見がある人や情報を持っている人に話を聞きます。社内や知人関係で見当たらない場合は、マッチングサービス（ビザスクなど）で募集をかけ、ヒアリングするのが常套手段です。また、消費者側の意見を知りたい場合は、家族や友達に尋ねたり、店頭ウオッチをしたり、自分で購入したりするだけでも重要なヒントが得られるでしょう。

制約条件が非常に多いときは？

提案に制約条件はなさそうに見えますが、ジャブ提案を繰り返し、本提案に進んでいくことで、クライアント独自のルールがわかり、さまざまな制約が目の前に立ちはだかります。

制約条件が多いときは、まず絶対に守らなくてはならない制約は何か？　を洗い出しましょう。実施期間、コスト、表現方法、ターゲット、先方の体制、売るべき商材……など、条件を整理し、優先順位をつけることで制約の「抜け穴」を見出すことができます。

提案を急かされているときは？

提案を急かされているときは、クライアントが不安を抱えているときです。初めてのことなので早めに内容を把握したい、社内での報告期日が迫っている、失敗できないプロジェクトである……など、その理由はさまざま。打ち合わせを短期スパンで設け、クライアントに小さなアイデアを複数渡して、「どの方向で内容を詰めていきたいか？」ということを、確認しながら進めていくのが良いでしょう。〝すり合わせていく〟という感覚で提案するのがコツです。

提案思考のフレームワーク

プランニングフロー

後編

5章 プランニングフローの全体像と使い方

提案思考のフレームワークとしてのプランニングフロー

自主的な提案、コンペティション時の提案に限らず、どんな職業でもクライアントに対して提案を考える場合の基本（提案思考のフレームワーク）があります。それを私たちは、「プランニングフロー」と呼んでいます。

大きなコンペティションなどの場合は、ステップ1からステップ9までの「フルステップ」を活用し、全体を最短2週間ほどのかなり限られた時間で新しい提案書を作成します。

ステップ1から順を追ってつくれる時間があるならベストですが、実際の企画の現場ではそうはいかず、キャリアのあるプランニングディレクター（プランニングのプロジェク

プランニングフロー

「空」あなたが直面した状況			「雨」あなたの解釈		「傘」あなたがとる行動			
STEP 1	STEP 2	STEP 3	STEP 4	STEP 5	STEP 6	STEP 7	STEP 8	STEP 9
与件の整理	基礎情報収集理解	問題抽出	原因推定	課題設定	施策策定	アクションプラン策定	予算設計	効果予測
アウトプット 提案ポイントを考える仮説立てをする 背景／目的等をテキストで整理する 与件を深掘りヒアリングする RFP（与件）の提示を受ける	アウトプット 商品情報の理解をする 関連&周辺情報の理解をする	アウトプット 現状とあるべき姿のギャップを明確にする あるべき姿を明確にする 現状を明確にする 問題と言われていることを追体験する	目的達成に近づける原因を特定 なぜ？ なぜ？ と原因を探る	アウトプット 原因を取り除くためにすること	クライアントのためにかたちにする アウトプット 各施策のPROS.&CONS.をまとめる 施策をグループ化し一言でまとめる 自分たちの共通認識をもつ 具体的な施策を数多く出す 課題解決のための方向性を出す	アウトプット スケジュール担当などを決める	アウトプット 複数案の概算見積を出す	アウトプット 期待効果を数値で提示する

トマネジメント能力が求められます）を中核に据えて、ステップ単位で並行作業をしながら全体の内容を調整していくことが多くなります。

ですから、途中で各ステップの整合性をとるために、また最終的な企画書にもそのまま使えるように、各ステップのアウトプットが必要になります。どのようなものになるかは、後述します。

プランニングフローは、9つのステップに分かれますが、それをいわゆる経営コンサルティング業界でよく使われる「空・雨・傘」と対比させて整理しておくとわかりやすいでしょう。「空・雨・傘」とは、「出かけようとしたら、空（直面した状況）をみると雨が降りそうだった（あなたの解釈）ので、傘をもっていこう（あなたがとる行動）」ということを示したものです。プランニングフローにも、その考えがピッタリ当てはまります。

空（あなたが直面した状況）

ステップ1　与件の整理

ステップ2　基礎情報収集と理解

ステップ3　問題抽出

雨（あなたの解釈）

ステップ4　原因推定

ステップ5　課題設定

傘（あなたの行動）

ステップ６　施策策定
ステップ７　アクションプラン策定
ステップ８　予算設計
ステップ９　効果予測

すべてのステップを活用できるメリット

この９つのステップをすべて理解し、実際に使えるようにしておくと、提案の際にコンサルティング営業担当者や企画担当者にとって次のようなメリットがあります。

- 今回の提案では、自分がどのステップに注力すれば良いかがわかる
- 提案したい内容を裏付けるために、どんな資料を用意すれば良いかがわかる
- 提案から急に、コンペティションに切り替わっても、スムーズに提案書が書ける
- クライアントの上申支援資料作成の際に、スムーズに企画資料がつくれる

どんな業界のコンサルティング営業職や企画職にも応用できますので、ふだんの仕事の中で、現在のワークはどのステップに該当するのかを意識して、早めにすべてのステップのアウトプットがつくれるように慣れていくことをおすすめします。

主に提案で活用するステップ

本書前編に記載した提案では、プランニングフローの中から、提案内容に必要なステップとアウトプットだけを抽出して活用します。

❶聞き出し提案は、ステップ2・6
※主にファクト情報とそのファクトから考えられる施策案
❷気づかせ提案は、ステップ2・3・4・5
※ファクト情報から問題を抽出し、原因を推定して課題まで提示

自主的な提案の際に活用する主なステップ

	「空」あなたが直面した状況			「雨」あなたの解釈		「傘」あなたがとる行動			
	STEP 1	STEP 2	STEP 3	STEP 4	STEP 5	STEP 6	STEP 7	STEP 8	STEP 9
	与件の整理	基礎情報収集理解	問題抽出	原因推定	課題設定	施策策定	アクションプラン策定	予算設計	効果予測
❶聞き出し提案		○				○			
❷気づかせ提案		○	○	○	○				
❸シナリオ提案	○					○		○	○
❹推進提案						○	○	○	

❸シナリオ提案は、ステップ1・6・8・9
※与件の目線合わせをしたあと、施策と予算、効果予測を提示

❹推進提案は、ステップ6・7・8
※かなり具体的な施策とアクションプラン、予算

といった内容を、それぞれ初回のジャブ提案時に提示します。

プランニングフローにおける各作業内容

次章から、プランニングフローのステップごとに、

- この作業の必要性（なぜやるのか？）
- 主な作業内容（何をやるのか？）
- 作業のポイント（注意したいことは？）
- アウトプットのイメージ（具体的には？）
- スキルアップのコツ（参考図書などは？）

という流れで、それぞれご紹介していきます。

提案活動に慣れていない方は、まずざっくりと提案のためにどんな作業をしないといけないのか、大枠を捉える機会になれば幸いです。

すでに、さまざまな提案をされている方は、ご自身の活動内容との差異を把握して理論の強化や後進の育成にご活用ください。

6章

プランニングフロー ステップ1 与件の整理をする

この作業の必要性（なぜやるのか？）

ＲＦＰ（提案依頼書）がある場合は、「ＲＦＰに書かれていることや言われたこと＝与件」をあなた自身が、自分の言葉で腹落ちさせておく必要があります。そうすることで、これから自分は何のために提案をすべきなのか？　がつかめるからです。

また、腹落ちしたことをテキスト化してクライアントに伝えることは、「あなたがおっしゃったことを、このように解釈しましたよ」というサインや自分とクライアントの目線合わせにもなります。

さらに、キャリアを積んだ人は、与件の整理を単純な整理ではなく、自分のアイデアが刺さるように書きます。そうすることで、クライアントに「我々が言ったことを、そこまでしっかり解釈してくれるのか！」と興味・関心をもたせることで、そのあとの提案内容に耳を傾けていただけるようになるからです。

与件を整理した情報を共有するのは、クライアントだけではありません。企画を一緒に考えているプロジェクトのメンバーである仲間（例えば、リサーチャー、デザイナー、エンジニア）にも、早い段階で渡します。より創造的にＲＦＰを読み解いてもらい、コンセプチャルな議論を踏まえて、具体的な案に落とし込むためです。

主な作業内容（何をやるのか？）

間違っても、ＲＦＰをそのままトレースしてはいけません。そういう与件の整理のしかたをする人は、「言われたことしかしない人」「無駄な作業をする人」、さらに提案内容がチープなものであれば「丁寧な仕事をするように見せかけて、肝心な中身の提案ができない人」と感じられてしまいます。

与件の整理としてアウトプットする必須項目は

1　背景（クライアントが行動を起こすキッカケや状況）
2　目的（何のために行うのか？）
3　目標（どうなりたいのか？）
4　そのためにクライアントが考えている施策（どんなことをしたいのか？）

です。まず、ＲＦＰや追加ヒアリングを通じて、この項目をまとめてみましょう。なお、具体的な施策を提案して欲しいというクライアントは、施策内容はまだ不明瞭かもしれません。施策がわからないと目標も不明瞭であるというクライアントもいますので、3と4はあいまいなケースもあります。

キャリアを積むと、クライアントが言っていないことも推察し、データなどで裏付けをとったりして、背景をもっと広げられるようになります。

例えば、

「うちのWebサイトは、自然検索での集客ができていない……」と言われたら、実際にはどうだろう？　他の流入状況はどうなっているのだろう？　競合他社と比較してどうだろう？　なぜそのような結果になっているのだろう？　などと問いを立て、ヒアリングするか自分で調べるなどして、すべての集客流入状況を図解化し、より具体的にクライアントが言っていることを提示します。

そうすることで、実はクライアントが見えなかった状況をつかめることもあり、このプロジェクトを実施する意義をさらに感じてもらえるようになるかもしれません。これは、クライアントが描けていないような現状のアウトラインを与件の整理の段階で「背景の整理」として行ってしまい、それを最初にプレゼンすることで、相手をグッと提案に引き込むというテクニックです。

なお、与件の整理をしている過程で「クライアントが考えている問題とは別の問題もあるのではないか？」という示唆をし、クライアントが希望する案も提案しつつ、別の提案をしていくということもあります。

作業のポイント（注意したいことは？）

●提案作業の早い段階でやること

この与件の整理は、早い時期にしっかりやっておくのが定石です。最初に施策を一生懸命考えてから、企画書を清書する際に軽い気持ちで与件の整理をすると、クライアントが上手に言葉にできていないことや大事なことを見逃してしまう可能性があります。

●まず、テキストで完結させること

この作業は、企画の内容の半分を占めると言っても良いくらいの重要なワークですので、主語・述語・修飾語などが、どこにかかっているのかがしっかりわかる、論理的なテキストで完結させるようにしてください。図を活用しても良いのですが、あくまでもテキストを補うものです。図解・図式化だけの与件の整理は、どうとでも解釈される可能性がありおすすめできません。与件の整理にその図が必要か？　を意識して用意してください。本

質論からかけ離れた図を仕上げようとするのは時間の無駄です。

●与件の整理に時間をかけるべき案件かを決める

ＲＦＰのあるケースでは、クライアントの意思がかなり強かったり、考察がしっかりしていたりして、ＲＦＰをそのままかたちにすれば良い提案もあります。ＲＦＰを読み込んだ際に、これから与件の整理に労力をかけるべきか否かをあらかじめ決めておきましょう。

アウトプットのイメージ（具体的には？）

与件の整理のアウトプットとなる基本フォーマットは、クライアントの課題（感）となる背景、目的、目標、施策ですが、それだけではありません。プレゼンテーションのシナリオや提案内容、クライアントとの関係性によって、さまざまな整理方法があります。ポイントは、与件の整理から続く資料への流れを止めないように編集することです。「こういうお話だったかと存じますが、当社としてはこの部分に着目した提案をしたいと思います。なぜなら〜だからです」と、次の資料にスムーズに進めるようにしたいものです。

また、与件の整理には、よく「当社理解」と書くことがあります。表向きは「こちらでわかりやすいように整理させていただきましたが、合っていますでしょうか?」というエクスキューズの意味で使いますが、裏返せば、自社の提案に誘導していくための整理でもあるわけです。そのあたりを意識的に書きこなせるようになると、ご自身でもだいぶ成長を感じられるようになっているでしょう。

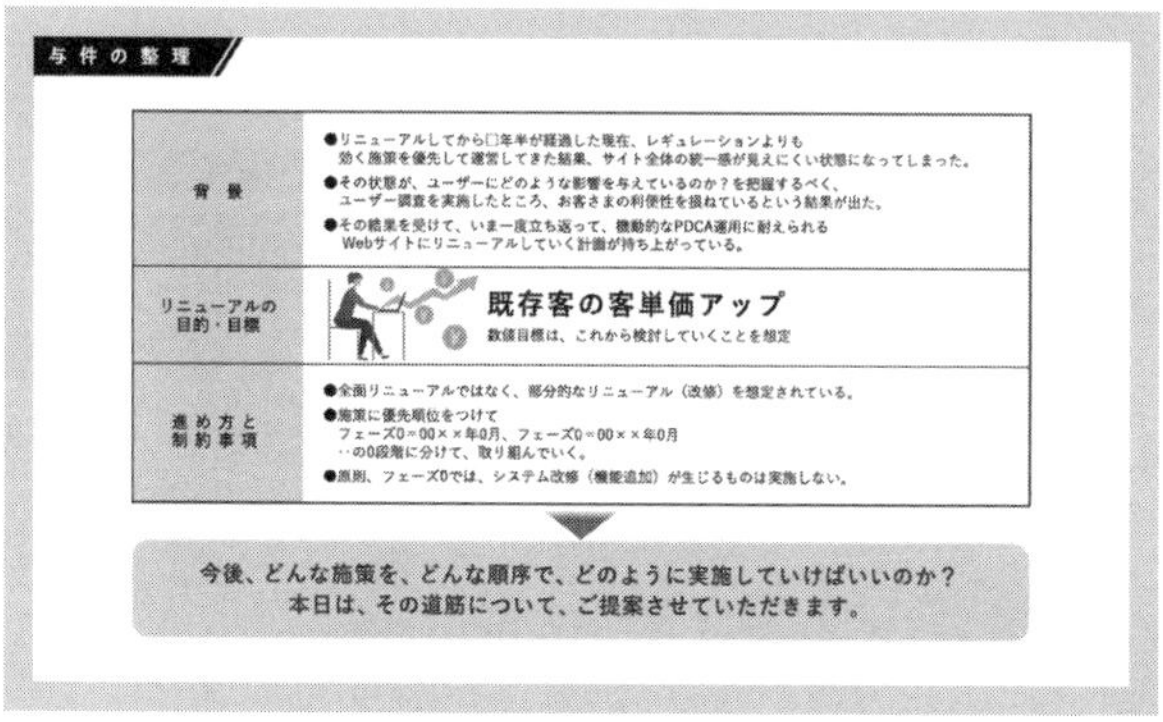

基本的な与件の整理

背景、目的、クライアントが考えている施策、目標を「当社理解」として、一読して理解できるテキストにする「与件の整理の基本形」です。簡単なようで、きちんと書ける人は意外と少ないです。案件によって、背景、目的、目標、施策が独立してまとめられない場合や目標が定まっていないケースなどもありますが、まずは基本形が書けるようになることが大事です。

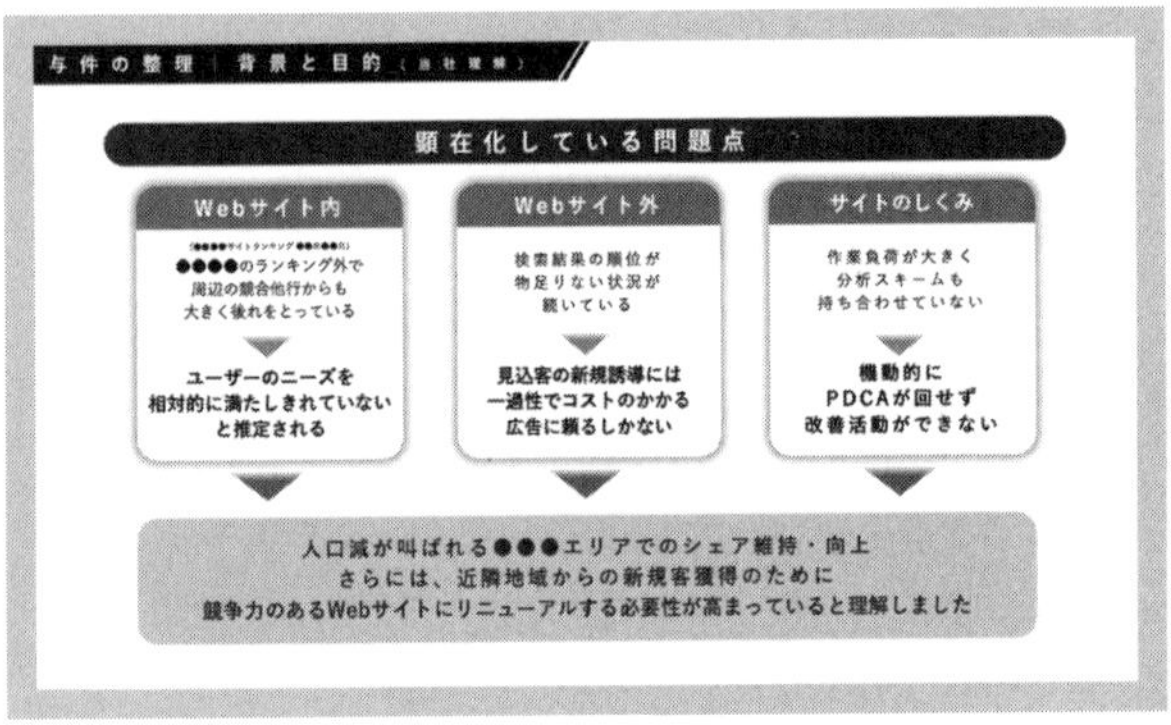

問題をわかりやすくまとめた与件の整理

クライアント側において、まだ要件がまとまっていない状況で、関与者にそれぞれの問題、課題、やりたいことをざっくばらんにお話いただき、それを整理したものです。「与件の整理」とは言うものの、クライアントの現状を整理して、関与者の目線を合わせる役割をもたせています。

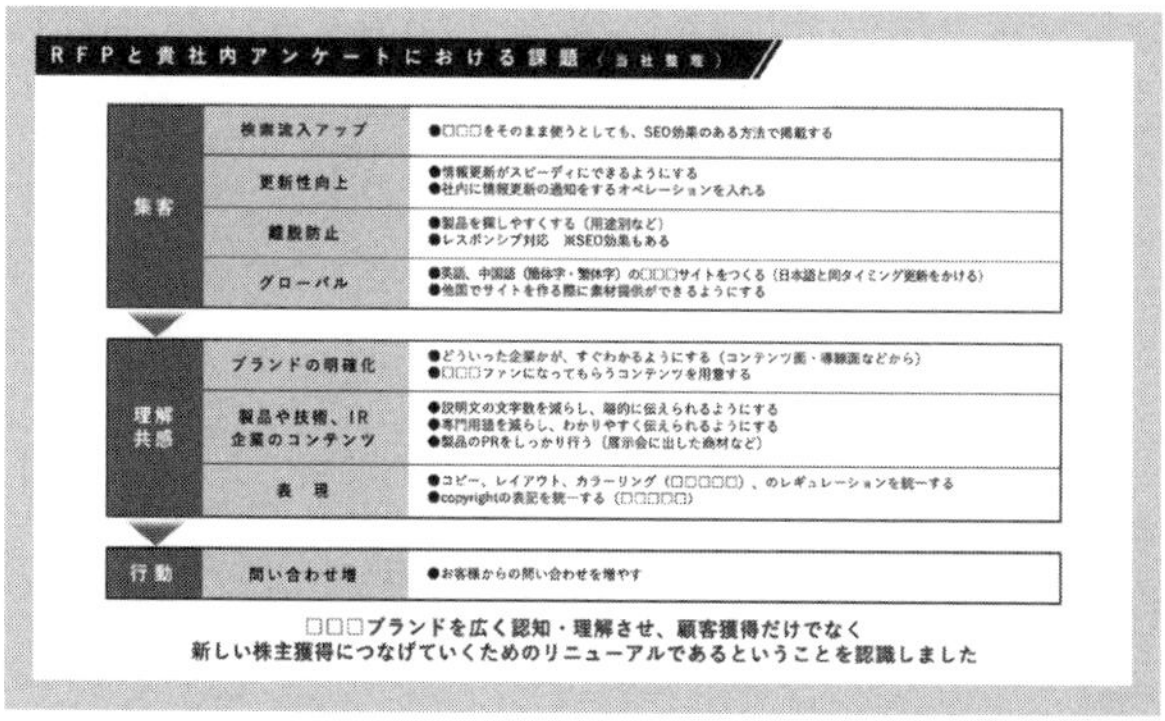

課題を深掘りした与件の整理

クライアントの課題が明確な場合は、背景・目的などの認識合わせは省略し、提案につなげていくための課題を深掘りするための「与件の整理」を行います。このように与件の整理といっても、さまざまなかたちがあります。

スキルアップのコツ（参考図書などは？）

与件を鵜呑みにせず、まず自分で腹落ちできるまで咀嚼して理解できるか？　わからない点があれば、問いを立てられるかが大事です。それができているかを確認するには、あなたが咀嚼した与件を他の人に説明してみるのが良いでしょう。

あなた自身が腹落ちしていなければ、おそらくスムーズに説明できませんし、質問された場合、相手が納得できる解答を提示できない可能性が高いと思われます。

粘り強く理解しようとするスキル、問いを立てられるスキルが重要です。ニール・ラッカム氏の『大型商談を成約に導く「ＳＰＩＮ」営業術』（海と月社）にある「ＳＰＩＮ（スピン）」という質問術は、ぜひマスターしておきたいものです。特に、「ＳＰＩＮ」の「Ｉ」にあたるインプリケーション（示唆）質問が非常に重要です。示唆質問とは、「～かもしれませんが、どう思いますか？」と、先方が知らないような有益な情報を与えながら質問をするという方法で、こちらの知識をアピールしつつ、クライアントがどこまで考えているのかを探るのに有効です。

その他、「問いの立て方」の類の書籍がたくさん出ていますので、ぜひいくつか読んでみてください。

7章

プランニングフロー ステップ2 基礎情報収集と理解

この作業の必要性（なぜやるのか？）

クライアントの企業情報、商品情報、ターゲット顧客の属性やニーズ、競合の情報……などの基礎的な情報を理解せずに、提案はできません。そういった情報は、統計や調査データで得られる再現性のあるファクトや、実際に自分で体験したことから得られたものである必要があります。

なぜなら、クライアントに対して「何に基づいてその提案をしているのか？」という裏付けを説明しなければならないからです。ファクトの有無によって、クライアントがあなたの提案を聞く姿勢も変わってくるでしょう。

主な作業内容（何をやるのか？）

基本的な情報収集のフレームワークは、クライアントの企業情報、ターゲット顧客、競合、販売チャネル……などの情報ですが、競合を深掘りするとサプライヤー、新規参入企業、代替製品まで広がります。さらに、ＰＥＳＴ分析のように「政治（法規制など）」「経済（市場の成長など）」「社会（人口動態など）」「テクノロジー（新素材やＩＴなど）」の側面からの情報収集も欠かせません。

●主に新規取引のクライアントへの提案の場合

提案内容によって異なりますが、基本的に理解しておきたい情報の種類としては、クライアント企業の沿革や資本関係、事業内容、ビジネスモデル、中期計画、現在の取り組み、代表の想い、商品情報、ターゲット顧客とニーズ、競合他社と比較した際の強み・弱み、現在の商品の売り方、プロモーション活動……など、幅広いインプットが求められます。

特に、企業情報や業界の動向を知りたいなら、最新の採用サイトや就活向けの本にあたりましょう。学生向けにやさしく書かれているので、スッと頭に入ってきます。

統計・調査データを集めたいなら、官公庁や調査会社が出しているオープンデータを探します。妥当なものがなければ、ＳａａＳ型のアンケートシステムを使って自主調査をしてしまうのも手です。「○○について知りたいのだが、どんなデータがあるのか？　どこを調べれば良いか？」と生成ＡＩを使って情報収集の「手がかり」を見つけるのも良いでしょう。しかし、見つけるのはあくまでも手がかりです。必ず1次情報にあたってください。

●既存クライアントへの提案の場合

既存のクライアントの場合は、特にターゲット顧客のニーズの変化が提案のポイントになります。クライアントのＷｅｂサイトや競合先のＷｅｂサイトのアクセス情報、他社の新しい訴求内容、検索のクエリ情報、ＳＮＳの投稿トレンド、人流情報……などから、これまでと異なる点がないか？　を探していきます。

作業のポイント（注意したいことは？）

●情報収集・調査は仮説ありき

基礎情報の収集の際は「こんな提案ができないだろうか？　そのために必要な情報は何か？」と、提案ありきで考えてみましょう。提案の方向性は粗くても良いので、例えば「女性の集客を増やす提案をしたい」「クレームの管理方法の効率化を提案したい」などと明確にして、現在の状況や他社の事例などを探してみることです。また、こういった仮説は、情報収集の目的にもなるので、必ずメンバーで共有しておく必要があります。気の利くメンバーから「それなら、こういう情報もありますよ」というアドバイスも期待できます。

●やみくもに情報収集を「しない／させない」

あなたがスピーディに情報にたどり着けない場合、検索キーワードがズレていたり、探す場所を間違えていたりする可能性があります。どんなキーワードで探したら良いか？どんなメディアにあたれば良いか？　を上長や先輩などに仰ぎ、自分の入力内容と比較して、キーワードや調査メディア選定のセンスを磨く必要があります。

調べる手がかりとして、調べたい内容に関する「王道（○○と言えば！）」「現在の流行」「これから流行りそうなこと」「クライアントとのド競合」「クライアントとの潜在的競合」という軸も覚えておきましょう。

●人に依頼するときは、まず自分でひとつ調べて手本を見せる

単純な調査を人に依頼する場合は、どのように調査すれば良いか？　ひとつだけ手本をみせてあげると、依頼されるほうも理解が深まります。また、自分でひとつ作業をしてみることで、その作業の実際の難易度がわかり、「このケースのときにはこんな注釈を入れておいて欲しい」など、具体的な指示がだせるだけでなく、作業時間の設計も確からしいものになるメリットがあります。

●アウトプットイメージを共有しておく

調査したものを最終的にどのようなフォーマットでまとめるのか？（例えば、エクセルの表頭・表側のルールやパワーポイントへの貼り付けの方法など）を、過去のアウトプット事例などを見せながら、メンバー間で共有しておきます。一連の作業に慣れているメンバーは、調べながらアウトプットに合わせて作業内容を保存できますし、複数のメンバーで資料をマージするときにも便利です。

●比較表は最も複雑なものから着手する

クライアントの製品やサービスを競合他社などと比較して一覧表をつくる場合は、どんな軸で調べたら良いかやってみないとわからないことも多々あります。まずは、最もスペック（製品仕様）項目の多い商材を基に表側をつくっておくと、そのあとの作業がラクになります。新しいスペック項目がでてきた場合は、また新たに軸を加えていきましょう。

●理解することに時間をかける

基本情報の収集だけで息切れしてしまっては、提案に結びつきません。その情報から仮説は立証できるのか？　もしくは、新たに何が考えられるのか？　といった作業にもしっかり時間を確保しておきたいところです。

例えば、クライアントの製品やサービスを理解する場合、便益チャートをつくり、先に調査したクライアントの想い、商材の特長、ターゲット顧客、利用シーン、便益、価格、ターゲットは価値を感じられるのか？　現在は他社とどこを差別化しているのか？　といった考察を含め、クライアントの商材の価値を可視化して理解します。

また、王道、流行、競合情報などをまとめた際に、何か類型化できないか？　を常に考えてください。類型化できるようであれば、クライアント企業はどの類型に入るのかも分析しておくと、よりクライアント企業のことが理解できるはずです。

●いわゆる「60％ルール」を守る

作業の全体を100％とした場合、60％程度の段階で共有し、内容が間違っていないかを上長に確認するのが60％ルールです。注意して欲しいのは、「作業進捗の60％の段階」

商材理解のための便益チャート

Purpose	こんな考えで生まれた	どこか1つ他社との差別化を図りたい ↓ 本当に差別化できるかポジショニングマップをつくる
Merit	製品・サービスのこんな特長を	
Target	こんなことに困っている or 困るであろう人が	
Occasion	こんな状況で使うと	
Benefit	こんな便益が得られる （機能的、情緒的、自己実現的、共感的）	
Price	そのお値段は？	
Value	購入する価値がありそうか？	

クライアントの製品やサービスに関して
左のような項目を書きエンドユーザーが動く
便益を明確にします。

1BOX＝1つだけでなく、たくさん項目が
あるはずです。いろいろ調べて、
ここがしっかり埋められないと
良い提案はできません。

実際のところ、クライアントの担当者も
この便益チャートを
しっかり埋められないケースもあります。

ではなく、「全作業の60％の解像度の段階」です。つまり、「こんな検索ワードで調べたら、こんな調査がでてきた」というものをしっかりと一覧化して共有するのではなく、「こんな検索ワードで調べたら、こんな調査がでてきたので、このようにまとめて、こう活用できるのではないか？」というところまでを薄く作業して共有するのがコツです。そうすることで、的確なフィードバックが得られ、本当に使える（仮説を裏付けられる）情報収集が可能になるのです。

●ファクトシートとしてまとめる

ファクトシートとは、提案の裏付けとして

誰もが立ち返ることができ、必要であればそのまま企画書にも貼り込める資料です。先に共有しているアウトプットイメージに、誤字・脱字はないか？　出典、調査機関、調査方法、データ抽出期間、N数、凡例などが記載されているか？　色が使われているときは、ルールに則った運用ができているか？　みるべきポイントにマーキングされているか？……といったことが守られていることが重要です。また、ファクトはあくまでもファクトですので、データから読みとれない解釈などは記入せず、メモとして添付しておきましょう。

アウトプットのイメージ（具体的には？）

このパートのアウトプットは、一見「データ集」のようになりがちですが、重要なファクトに関しては、クライアントが初見でも理解できるように情報編集を施し、企画書の根幹に組み込んでいくことになります。さまざまなグラフや表、インフォグラフィカルな表現を学び、定量・定性データの見せ方も工夫していきましょう。

データ収集からアウトプット、プレゼンまでを繰り返し、資料作成の勘所が見えてくると、資料を探したり、読み込んだりしているときに「ここは企画のシナリオのこのあたりに使えそうだ」と意識して、早い段階で手元のデータの使い方・編集の仕方を決めていけるようになります。

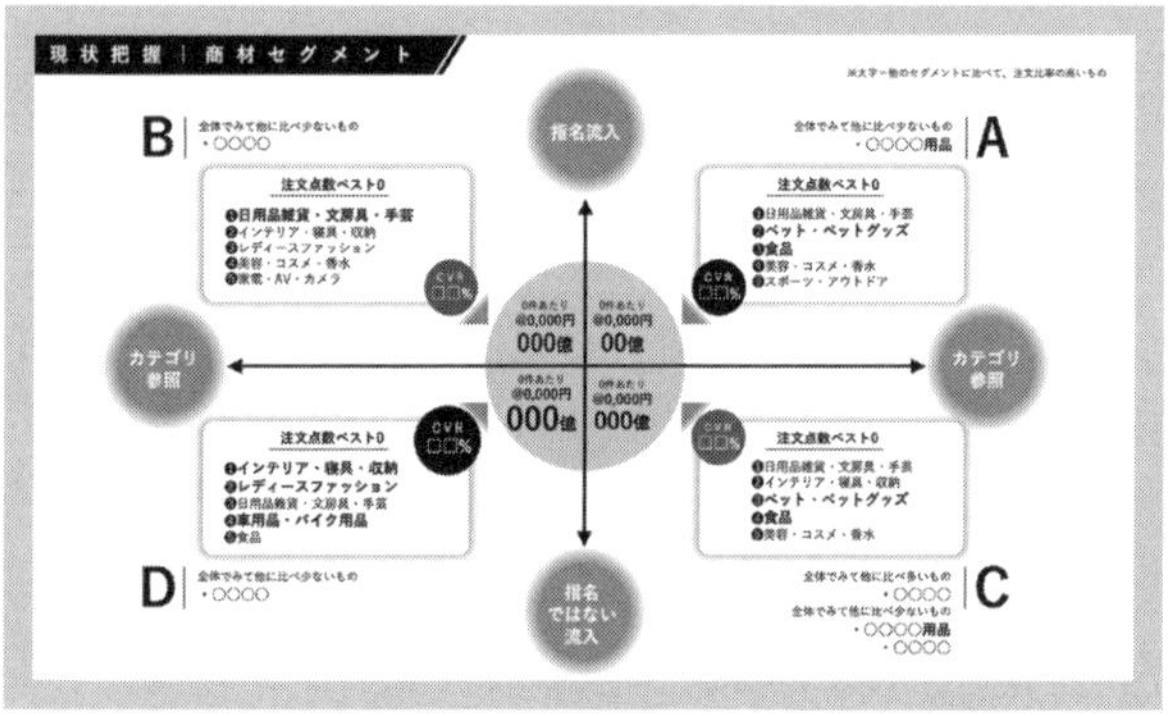

Webサイトのアクセスデータ分析

あるECサイトのアクセスログから「指名流入」「サイト内でのカテゴリを参照」という2軸でマッピング。各象限ごとのCVRと売上を照らし合わせ、プライオリティの高い顧客行動を抽出した例です。既存クライアントのデータを入手できるようなら、仮説をだして自ら分析してみましょう。

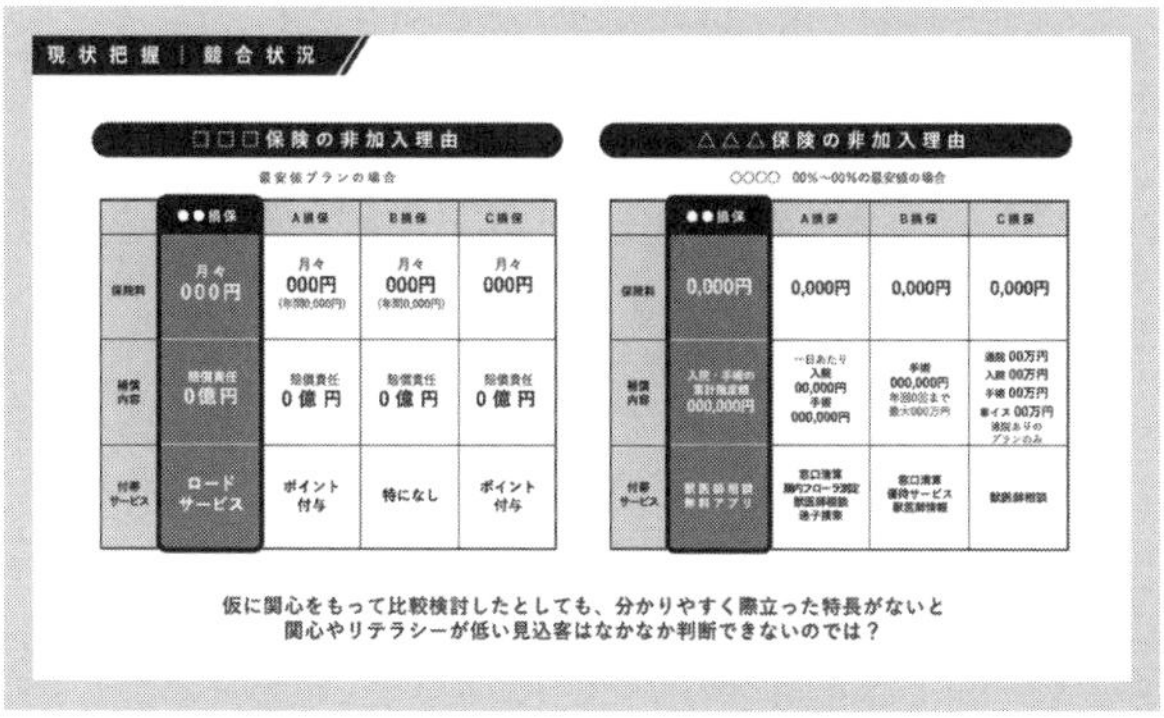

競合他社との比較

クライアントの競合他社の商材を比較し、差異を明確にします。スペック比較はもちろん、実際に使ってみた際の比較、営業パーソンのトーク比較、訴求の切り口比較など、さまざまな比較要素があります。プレゼン時は、詳細を分析した資料はAPPENDIXとして用意し、クライアントに見せるのは、単純化したもののほうがわかりやすいでしょう。

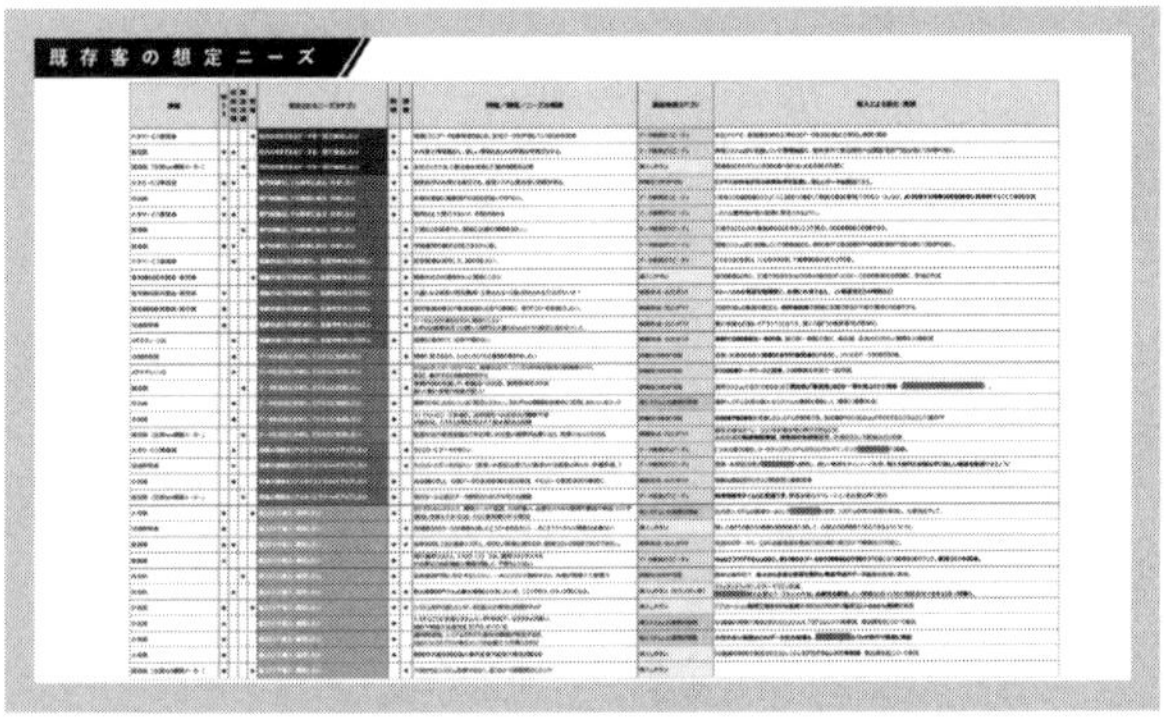

テキスト分析で顧客ニーズを整理

クライアントから提供された導入事例のテキスト情報（インタビュー記事、アンケート個票など）を分析し、顧客ニーズを抽出した資料。いただいた資料を無駄にせず、隠れているヒントをあぶりだすのもこの時期のワークです。またワークの途中で誰もが理解できるかたちに整理しなおしておくことで、企画書にも資料をそのまま転用できます。

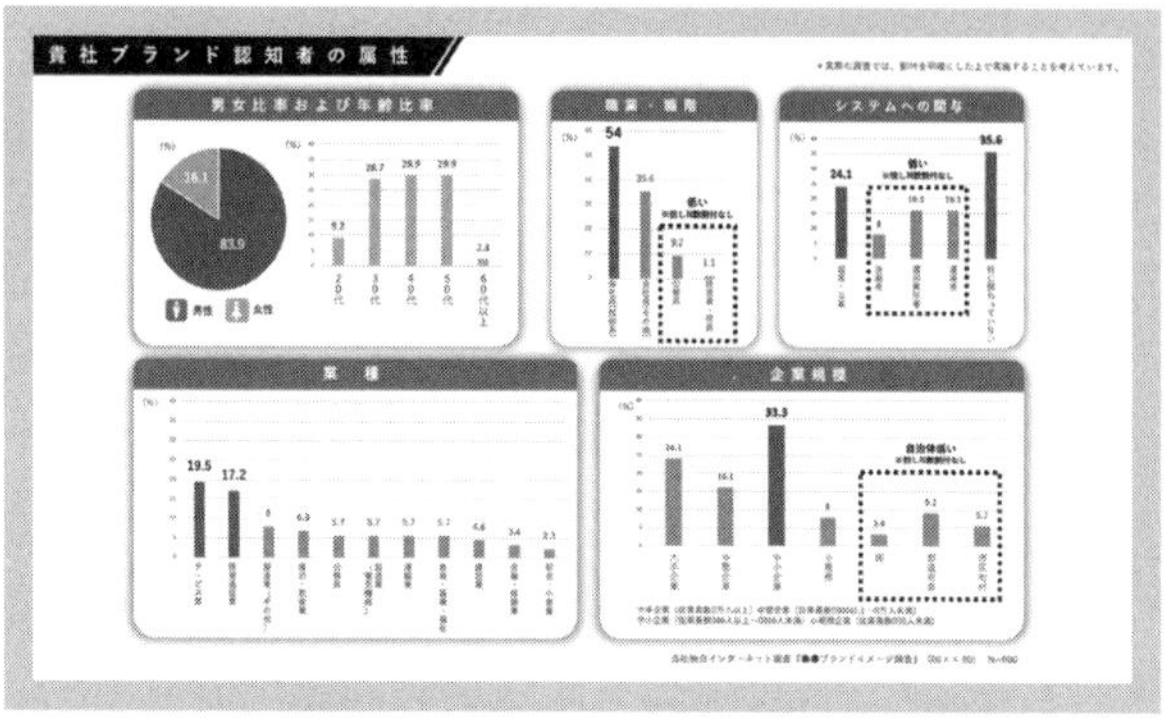

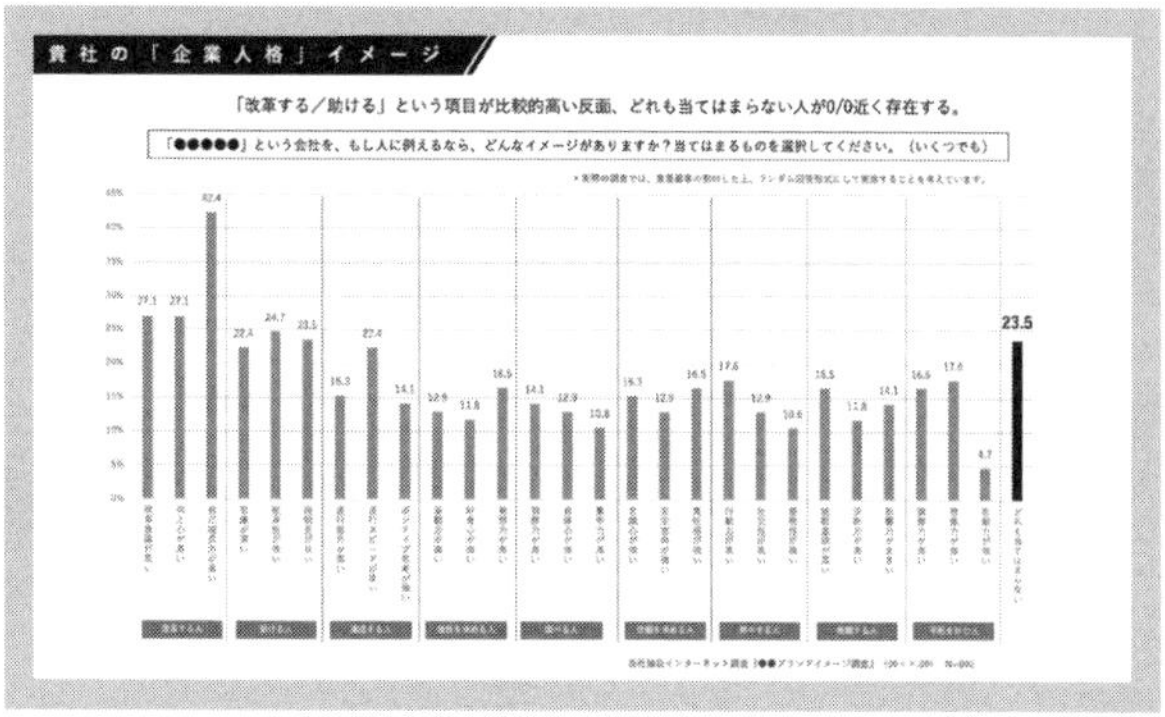

独自調査でAsIsを把握

企画の精度を上げていくために、初期の企画段階で、あらかじめクライアント企業の認知・ブランドの理解度合いを分析した例。独自調査の結果をファクト資料として企画書に盛り込む場合が多々ありますので、人に見せることを前提に資料化しておくことを心がけたいものです。

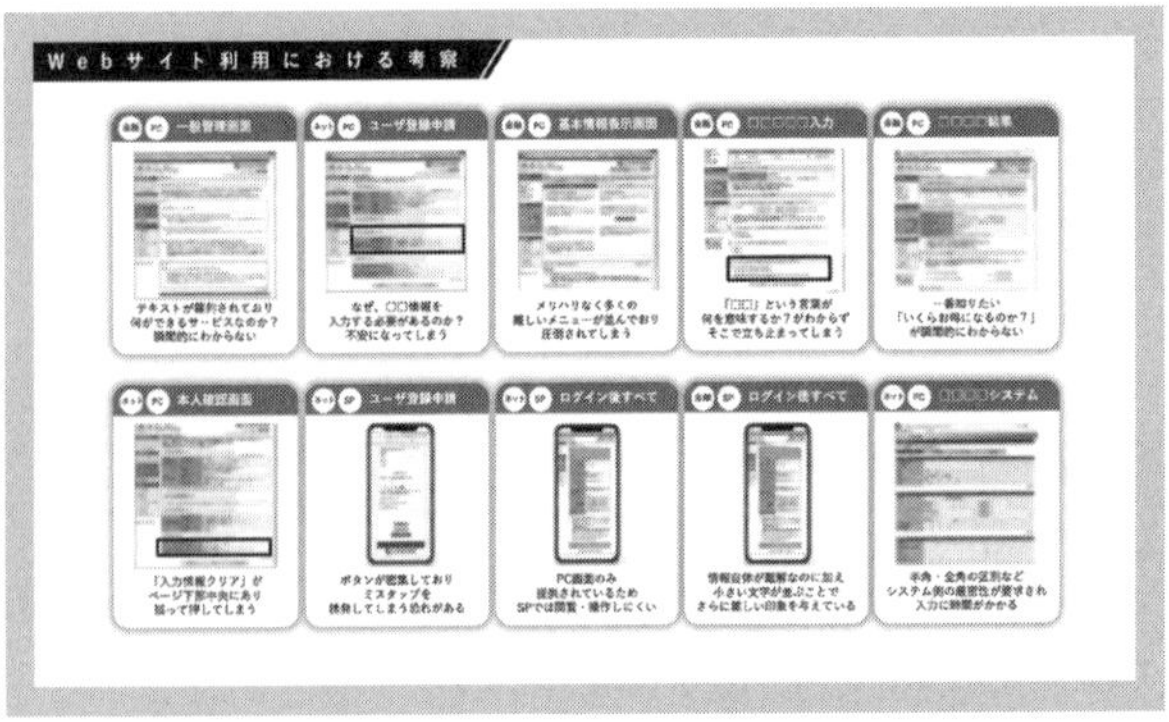

追体験から得られた示唆のまとめ

Webサイトにおける顧客行動を追体験し、「使いやすい／使いにくい箇所」を洗い出したヒューリスティック分析の結果例です。調査結果とは別に、このような各操作における問題点をサマリにすることで、改修ポイントを一目でクライアントに理解させることができます。

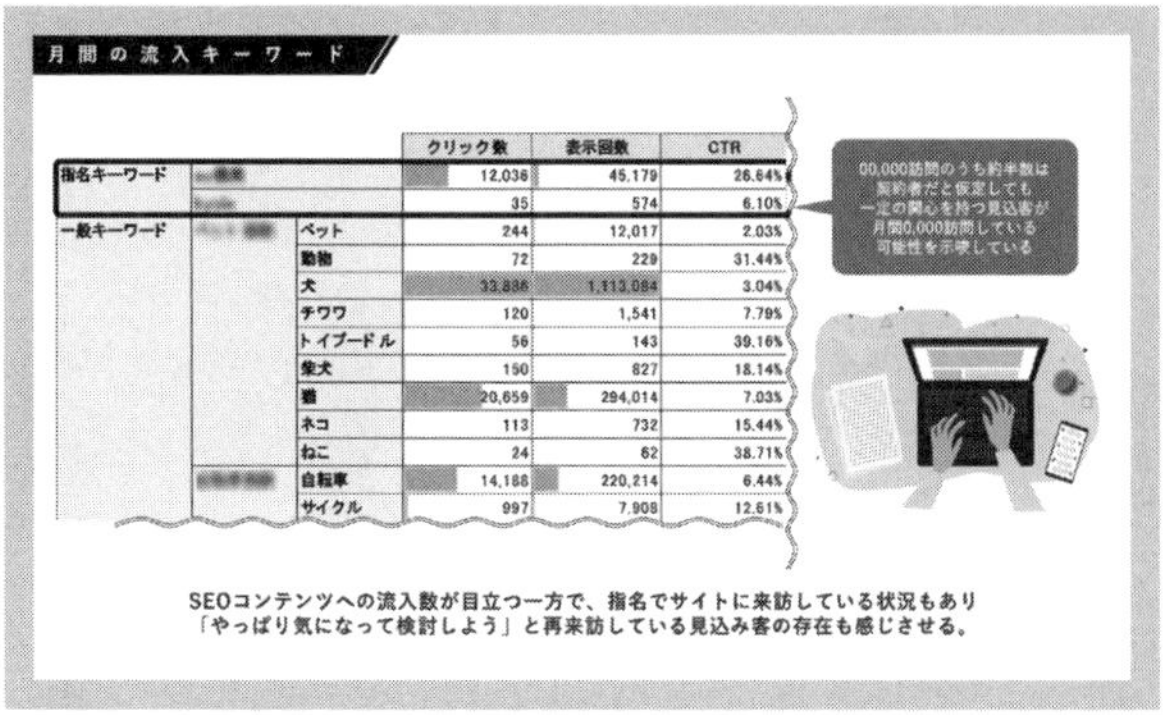
月間の流入キーワード
00,000訪問のうち約半数は
既約者だと仮定しても
一定の関心を持つ見込客が
月間0,000訪問している
可能性を示唆している

			クリック数	表示回数	CTR
指名キーワード	[illegible]		12,036	45,179	26.64%
	[illegible]		35	574	6.10%
一般キーワード	[illegible]	ペット	244	12,017	2.03%
		動物	72	229	31.44%
		犬	33,836	1,113,084	3.04%
		チワワ	120	1,541	7.79%
		トイプードル	56	143	39.16%
		柴犬	150	827	18.14%
		猫	20,659	294,014	7.03%
		ネコ	113	732	15.44%
		ねこ	24	62	38.71%
	[illegible]	自転車	14,188	220,214	6.44%
		サイクル	997	7,908	12.61%

SEOコンテンツへの流入数が目立つ一方で、指名でサイトに来訪している状況もあり
「やっぱり気になって検討しよう」と再来訪している見込み客の存在も感じさせる。

関連語検索データから分析したターゲットニーズ

SEOの改善活動のために検索キーワードを分析することはよくありますが、関連語などを概念化してグルーピングし、概念単位で検索数のボリュームを分析する（例えば、平屋住宅と一緒にI字、コの字、ロの字などと検索されているワードが多ければ、「かたち」とか「〇字」「配置計画」「中庭」などと全体に関係しそうな概念でくくる）と、顧客はどんなニーズをもっているのか……が見えてくることがあります。そういったニーズを基に提案を組み立てていくのも基礎情報を上手に活用する手法です。

スキルアップのコツ（参考図書などは？）

仮説なき調査は、やってはいけないことのひとつですが、あまり取り組んだことのない分野の提案では、なかなか仮説が立てられないというケースもあるでしょう。そんなとき、水野学さんの『センスは知識からはじまる』（朝日新聞出版）を読んでみてください。チョコレートのパッケージを考案する際に、王道（チョコと言えば？）の事例を調べたり、最近のチョコの流行りや売れ行きNO．1の事例を調べたりして、まずファクトを収集。そのあと、共通ポイントは何か？　を考察することを通じて、さまざまな仮説が生み出されるケースが紹介されています。やみくもに調べたり、適当な仮説をだしたりするのではなく、正攻法でファクトに当たることで確からしい裏づけが見えてくるようになるでしょう。

8章

プランニングフロー ステップ3 問題を抽出する

この作業の必要性（なぜやるのか？）

問題とは、現在とあるべき姿とのギャップです。クライアントが具体的にどのようなことを「問題」だと認識しているのかを、あなた自身がしっかり理解し、クライアントが求めている提案内容にズレが生じないようにするため、「問題を抽出する」作業を行います。

自主的に提案する場合は、クライアントがどんな問題に直面していそうか？　ということを確からしく仮説立てるために行います。

主な作業内容（何をやるのか？）

●問題の追体験をする

クライアントがRFPや口頭で伝えてきた問題を実際に追体験してみてください。そうすることで、クライアントが言っていたことが、よくわかり（または具体的な疑問点がでてくるようになり）、提案内容の精度が上がります。

例えばクライアントが、「Webサイトで集客できていない」、「コンテンツが読まれていない」、「コンバージョンしない」ということを問題にしていた場合、エンドユーザーの立場でWebサイトにアクセスし、実際に触ってみましょう。

「営業パーソンがうまくクライアントと折衝できていない」ことが問題である場合は、実際にエンドユーザーのふりをして覆面折衝をしてみます。もしできなくても、ネット上の口コミやSNSでの投稿内容から情報を収集したり、身近な人でクライアント企業の商品を使っている人から話を聞いたりして、その問題をよりリアルに体感することを心がけます。なお、提案の場合は、この体験こそが仮説を立てる上で重要なファクトになります。

追体験を試みるときに、2つ気にして欲しいことがあります。

1つは、文脈を読むということ。そのWebサイトにアクセスしたり、営業パーソンに会ったりする前に、どこに掲載されているどんな広告を見てきているか？　どういう前知識があって会っているか？　ということを設定して体験してください。そういった前提条件によって、エンドユーザーが受ける印象が左右されるからです。

例えば、ある化粧品（ファンデーション）のWebページを閲覧したときに、「シミが目立たない」というバナー広告からアクセスしてきたのか、「明るいファンデ」という検索から来たのか、インフルエンサーの記事から来たのかでは、Webページに至る前情報やニーズが異なるため、求めるコンテンツも異なる可能性があります。

もう1つは、常に「初めて」ということを前提にして、見たり接したりすることです。エンドユーザーは、何度もその状況に接するとは限りません。常に、最初に見たときどう感じたか？　どんな感想をもったか？　をメモしておくことで、どんなところに問題がありそうか？　その原因はどんなところにありそうか？　の仮説立案に役立つはずです。

●ＡｓＩｓを理解する

問題の追体験を始める前でも、終了してからでも良いので、ＡｓＩｓ（現状）を客観的に理解しておきます。クライアントが現状のデータや情報を提示してくれるのであれば、それを読み込み、わからないことは質問して、腑に落ちるようにします。現状を図解・図式化しておくと後々、指差し確認をして議論ができるので便利です。

また、経験が浅いと、クライアントから提示された情報でわかったつもりになっているケースが散見されるので要注意です。「この数字は、どうやって出しているのですか？」「一般的には貴社のような組織形態で営業をしていないと思いますが、どうしてこうなっているのですか？」「この商品がエリア限定になっているのはどうしてですか？」など、キャリアを積んだ人がクライアントに対してどんな質問をしているのかを注意深く聞き、真似してみることをおすすめします。

●ToBeを理解する

クライアントが考えるToBe（あるべき姿）が漠としているようであれば、AsIsと比較できるように、こちらもわかりやすく図解・図式化します。

ToBeが「こんな仕組みにしたい」という場合であれば、図解・図式化が有効であるのはもちろん、売上やリピート率、営業一人当たりの単価、獲得単価などの数値的目標も、そこに至るまでのプロセスなどを含めて図解・図式化することで、次章でまとめていく「原因」を探求することに役立ちます。

もし、クライアントのほうでToBeがいまひとつ可視化できていないようであれば、「私たちの理解だとこうなるかなと思いますが……」と、仮説を立てて描いてみましょう。具体的に描かれることで、クライアントとの議論も進むはずです。

●AsIsとToBeの差を明確にする

最初に書いたように「問題とは、現在とあるべき姿とのギャップ」です。図解・図式化したAsIsとToBeを並べ、そのギャップを書き込みましょう。

その際、クライアントが考えている問題だけでなく、あなたが追体験した内容が加筆できそうなら、ぜひギャップとして記載してください。クライアントが気づいていない問題であれば、「なるほど、ここも問題ですね」と共感を得られたり、仮に今回はスコープ外の問題だとしても、クライアントからは「しっかり自分事化して考えてくれる人たちだ」と思ってもらえたりするので、受注確度が高まります。

作業のポイント（注意したいことは？）

問題の追体験は、後々の議論に使えるよう、記録しておきましょう。例えば、Webサイトの閲覧時、実際に見た広告やアクセスしたページ、資料請求画面、資料請求後のサンクスメールなどもキャプチャし、画像内容をあとで閲覧できる解像度を保ったかたちで、時系列にパワーポイントなどに貼り付けます。

気になったことにコメントを付け、閲覧日やURLなども記載しておくことで、調査資料として提案書にも活用できます。このように、立ち返ることのできる資料作成を常に意識しておくと、提案作業の生産性が高まります。

アウトプットのイメージ（具体的には？）

問題を提示する場合は、すべての問題を一覧化してから、ポイントとなるところを3点か5点程度に絞って提示したり、時系列フローの中で問題を提示してから、ポイントを絞ったりします。ただ、問題をわかりやすく提示するには、仮説レベルでも良いので、最初にＴｏＢｅ（あるべき姿）を明確に描き、「ここがギャップだと思いますが、いかがでしょうか？」とクライアントに提示する方法も効果的です。

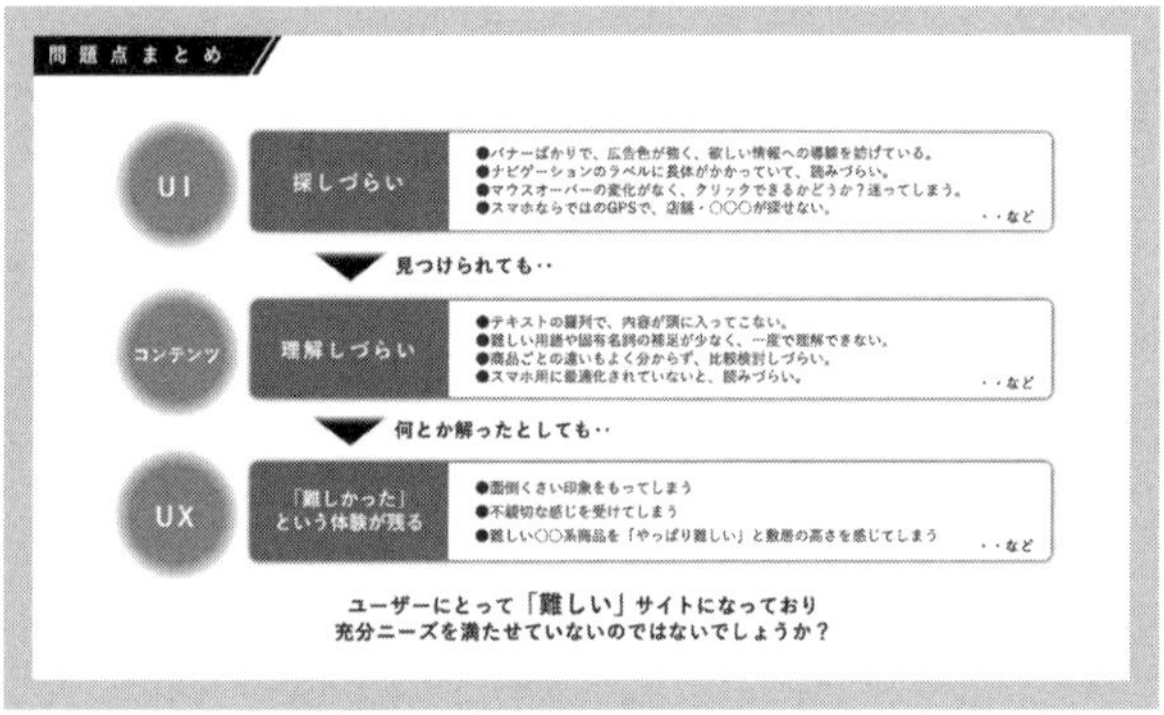

ポイントとなる問題を端的に整理

UI ／コンテンツ／ UXの問題点を一覧化し、それぞれの問題点の関係性をまとめた例です。各問題の関連性を簡潔に示すことで、問題点の根本的な原因や優先度の高い問題の把握につながります。

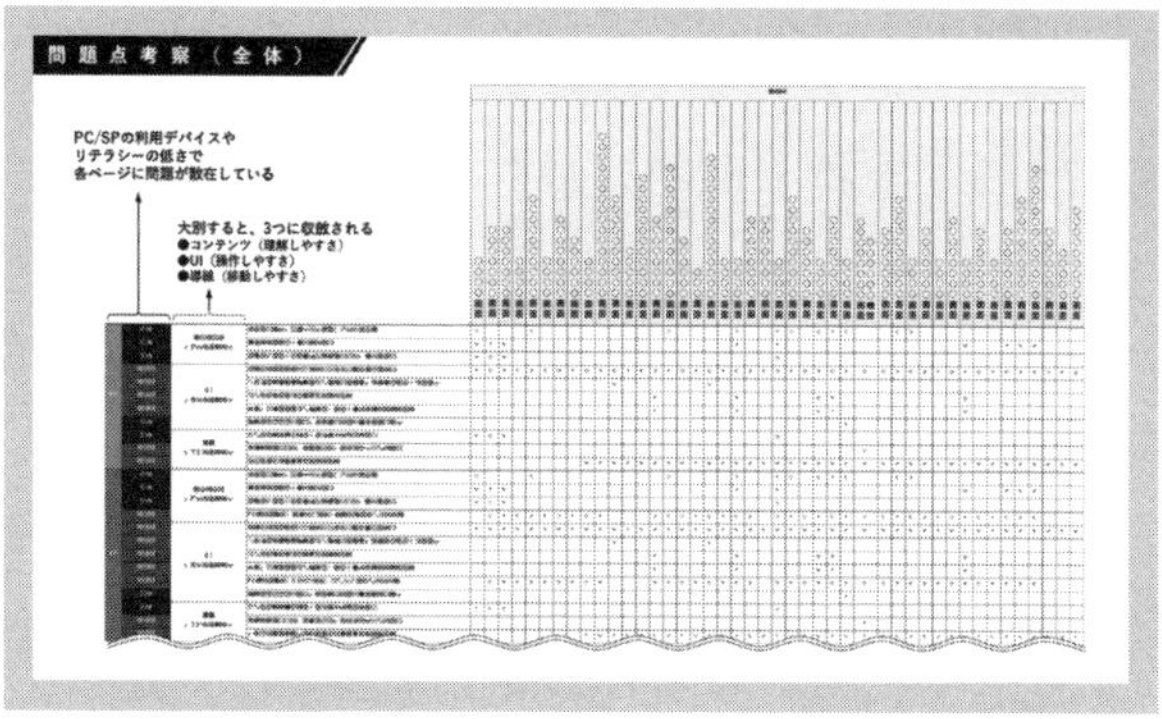

問題一覧表

問題を一覧化して、問題の全体観をつかんでいただく資料の例です。Webサイトにおける顧客行動を追体験したヒューリスティック分析の結果を、表頭にページ名、表側に類型化された問題点というかたちで記載し、チェックが付いた箇所が実際の問題箇所であるとわかるようになっています。

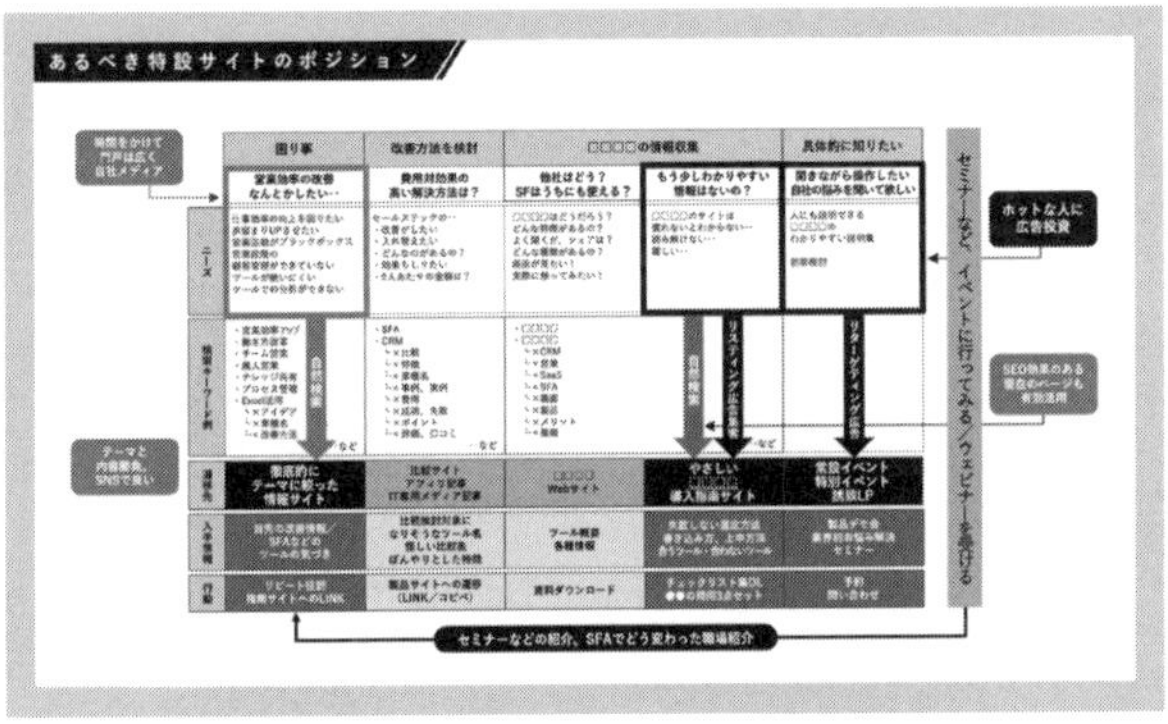

顧客行動フローにおける問題の発見

ターゲット顧客の購買行動、想定顧客ニーズ、検索キーワードに沿って、あるクライアントの特設サイトのToBe（あるべき姿）を描いてみたものです。この前に、AsIs（現状）を同じフォーマットにまとめたものを理解いただいた上で、このToBeを見せるのがコツです。

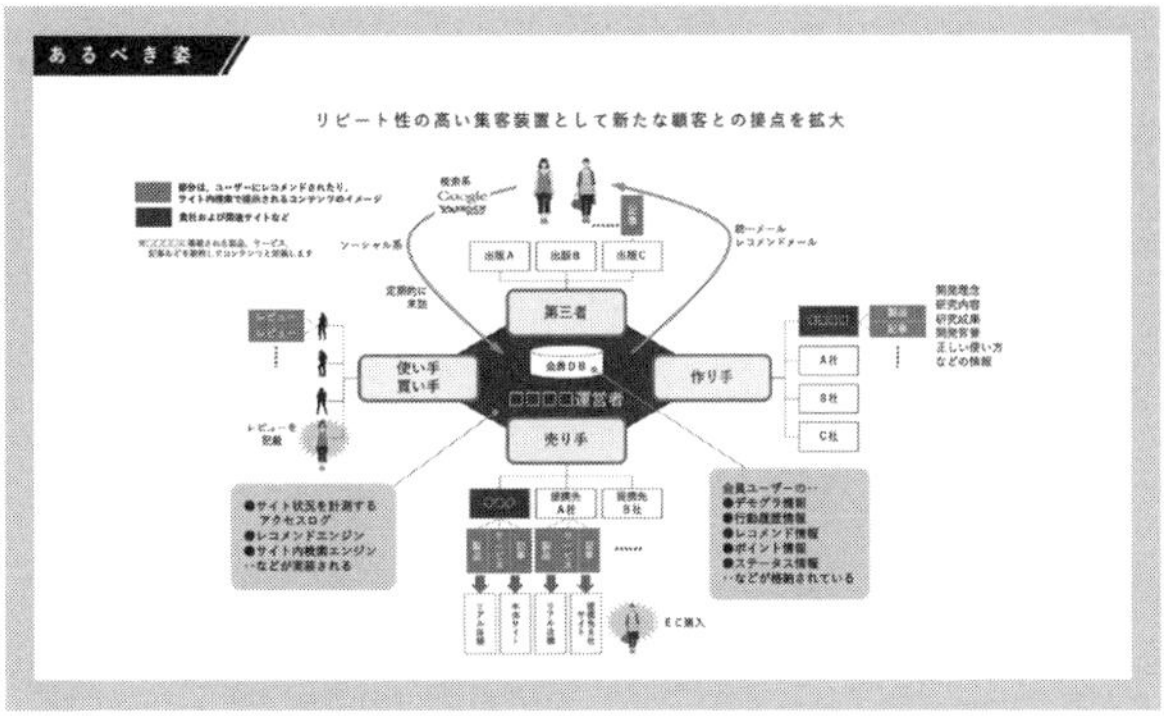

ToBeの可視化による問題の確認

まだここにはない、新規サービスのToBe（あるべき姿）をまとめた例です。クライアントのぼんやりとした課題感を図解で端的に見せること（可視化すること）で、これから進むべき方向性がある程度示せるとベストです。クライアントの課題から外れた内容だと、みてもらえませんので要注意です。

スキルアップのコツ（参考図書などは？）

問題を発見できる感度の良いプランナーは、エンドユーザーの視点を常にもっています。企画の相談を少しでも受けると、必ず自律的にクライアントの情報をざっくり収集して、エンドユーザーとしての自分なりの理解をし、軽い仮説を立てたりして、具体的な相談に備えます。

立案力を高めるには、こういったユーザーの追体験をスキマ時間でどれだけ「意識的」にできるかが重要なのですが、とはいえ、これは「ふだんの生活」そのものを企画者視点でも見ていたり、記憶に残していたりするということに他なりません。いわば、意図的に自身の「エンドユーザーとしてのふだんの生活から得られる体験」を記憶に引っかけておけるかどうか？　が企画のセンスそのものだと思います。

ふだんの生活をつまびらかにみるというのは、N数の少ない質的調査研究の場で見かける「グラウンデッド理論」という考え方を一度実践してみると、より理解が進むかもしれません。

ビジネスの現場であれば、営業パーソンのトーク分析やコールセンターへのクレーム分析などをすることでそのスキルを身につけられます。

9章

プランニングフロー
ステップ4 原因を推定する

この作業の必要性（なぜやるのか？）

問題が抽出できたら、問題を引き起こしている原因を明らかにする必要があります。原因を明確にしないと、これからどんなことをしたら良いか？　という、課題が設定できないからです。しかし、原因は1つではなく、「何らかの原因」を引き起こす「別の原因」もあるはずです。あなたは、さまざまな原因から、クライアントがあるべき姿を実現するためには、どの原因を解決するのが最も効果的・効率的かを推定していかなければなりません。

主な作業内容（何をやるのか？）

原因を推定するには、ロジックツリーにおける分析やコーザリティ（因果関係）分析を活用します。分析方法は、これまで多数の本が出版されていますので割愛し、知っておきたいポイントを記載していきます。

●WHYツリーを使う

まず、ロジックツリーの種類を知っておきましょう。見た目は同じようなロジックツリーですが、①原因を追究するWHYツリー、②課題の解決策を生み出すSO—HOWツリー（イシューツリー）、③要素を分解するWHATツリーがあります。

ここでは、原因を追究しますので、WHYツリーを使います。問題を一番左に書き、「なぜ？　なぜ？」を繰り返し、その原因を書いていくことで、原因を深掘り（次ページ図の横の広がり）していくことができます。また、「想定される原因とそれ以外」で、原

WHYのロジックツリー

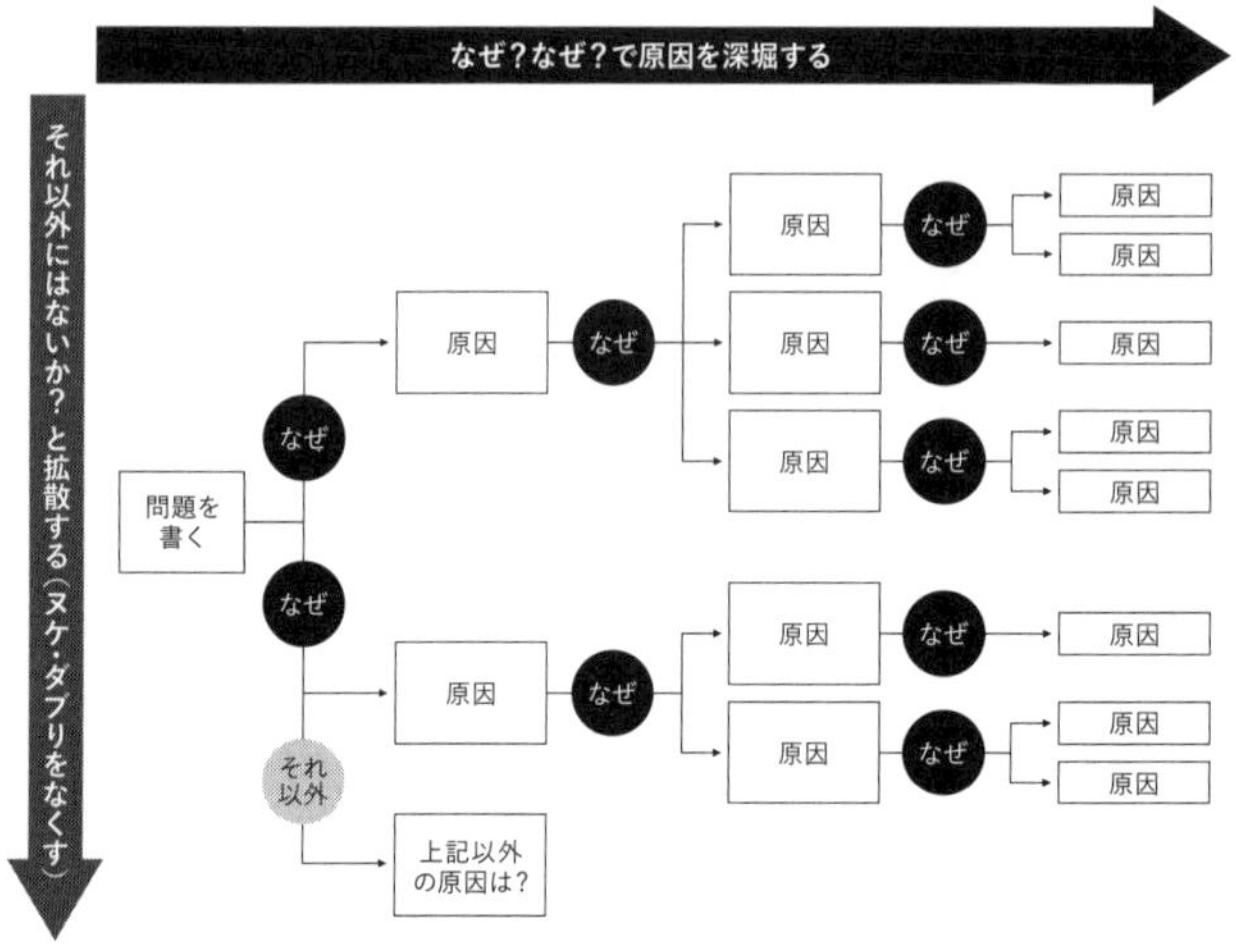

因の幅（図の縦の広がり）をMECE（ミッシー＝ヌケ・ダブりのない状態）にしていくことも忘れないようにしましょう。

●最も重要な原因を探る

問題の原因と思われる項目が洗い出せたら、何を改善すればあるべき姿にたどり着けるか？　を考えましょう。該当する原因は必ずしも1つではありませんし、複数の原因が連鎖して問題を発生させていることもあります。

●原因の連鎖を解く

原因が連鎖的に結びついていると考えられるのであれば、単純化した因果関係図を描き、

コーザリティ（因果関係）分析のイメージ

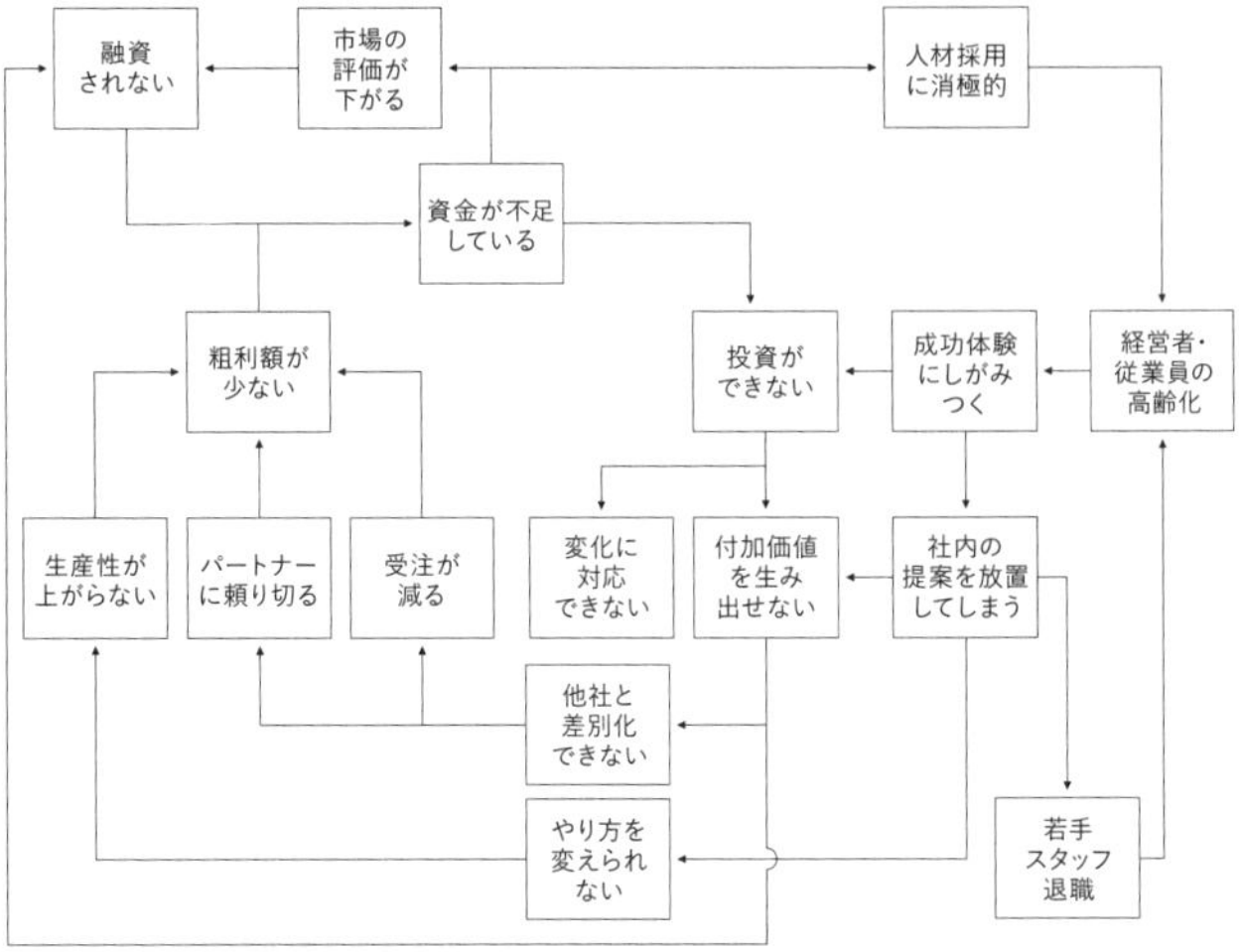

どの部分を断ち切れば負のスパイラルから脱却できるのか？　を「コーザリティ分析」を使って明確にしていきます。

コーザリティ分析とは、事象の因果関係を一枚の図にまとめ、問題解決のためには何が根本的な原因で、何を断ち切れば良いのか？　を考えるための方法です。

上のイメージ図にあるように、最初からきれいに因果関係がまとまってできるわけではなく、最初に表出している事象を並べ、その事象同士が論理的につながらないようであれば、仮説を置き、実際に確からしいかどうかを検証しながら作成していくことになります。

提案する時間が限られている場合は、事象

がすべて把握できなかったり、仮説を検証する時間がなかったりするので、ベスト・オブ・ベストのものがつくれないかもしれませんが、原因特定の手がかりには充分でしょう。ただ、途中であきらめずに、粘り強くこの因果関係図を完成させようという意識をもってやり切る姿勢が重要です。

作業のポイント(注意したいことは?)

●WHYツリーの横軸を広げる方法

原因を深堀りするためには、クライアントの仕事内容を知る必要がありますが、キャリアが浅いと、深い階層まで考えられないかもしれません。その業界に詳しい人をアサインして、一緒に考えてもらうのが得策です。

横軸を広げるためのスキルアップのポイントは、まず1つの業界にとても詳しくなることが近道。そうすることで、他の業界にも応用が利くようになります。あちこちの業界を手がけるより、まず一業種に詳しくなり、徐々に複数の業界を体験していくと良いでしょう。

●WHYツリーの縦軸を広げる方法

縦軸は業界の理解よりも、フレームワークの理解ですので、キャリアが浅くても広げることができます。売上を上げるためのポイントは？　営業パーソンが受注するためのポイントは？　クレームを出さないための品質管理のポイントは？　……など、教科書を読めばわかるようなことを理解・暗記しておくことで、単純に幅を広げることは可能です。

●コーザリティ分析を使うタイミング

ＷＨＹツリーを活用する際には、問題に対して「１００％確かな原因を探す」というより、「確からしい原因にたどりつくことを目指す」という感覚をもって、原因を深堀していくと良いでしょう。

まず大枠をつくり、細部を詰めるのは最後というイメージです。

間違えても良いので、まず自らが「～が原因かもしれない」という仮説を立てて、ＷＨ

Yツリーをできるところまでつくってみます。そのあと、いったんコーザリティにもっていき、因果関係を精緻化するために追加の仮説を入れながら、各項目同士の論理的なつながりをデータで裏付けていくという方法をとります。

ここで活きてくるのが、「基礎情報収集と理解」や「問題抽出」のフェーズでまとめたファクト情報です。しかし、これらのファクトでは足りないことが多く、都度、追加の情報収集をしたり、二次・三次分析（深堀分析）を行ったりする必要があります。

●WHYツリーやコーザリティは中間生成物である

原因推定の作業のポイントは、問題を生み出す原因と結果の因果関係を一目で理解できるように、図解・図式化し、その確からしい裏付けとなるデータを用意することです。WHYツリーやコーザリティ分析は、そのためのツールであり、提案のコアコンテンツではありません。一生懸命キレイにまとめる人も見かけますが、清書する時間があるなら、別のワークに時間を割きましょう。

アウトプットのイメージ（具体的には？）

問題の原因を推察し（こうかな？）、データで確からしく裏付けていく（やっぱりそうだった！）プロセスを面白く感じるプランナーの方は多いと思いますが、クライアントはそのプロセスよりも原因が何なのかという結論を早く知りたいのです。このワークにおけるアウトプットは、結論とそのメカニズムの概要を伝えればよく、プロセスなどに踏み込んでしまうと、提案を聞いている方は飽きてしまいます。「犯人捜しのプロセスよりも、犯人と犯行動機を最初に伝える」ようにしましょう。

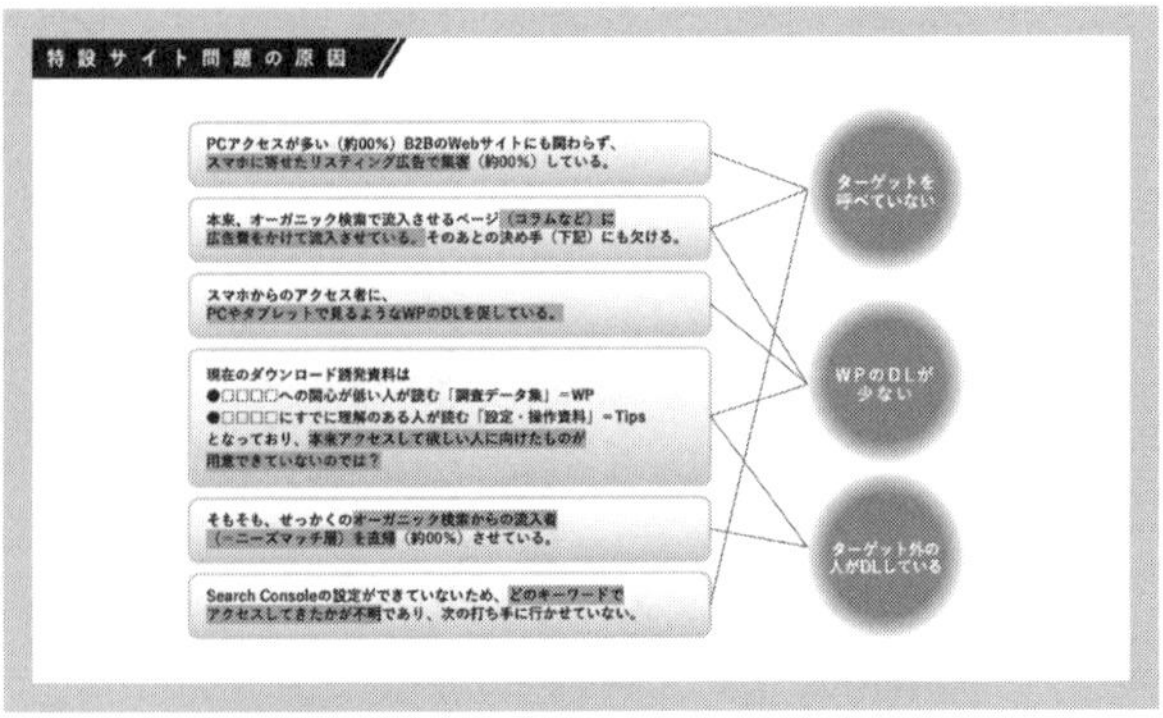

原因の一覧化

ある特設サイトの問題点とその原因をわかりやすく紐づけて示した例。複数の原因が関係し、問題が発生していることを一目で理解させることができ、原因を単純にすることで、解決すべき課題の洗い出しにつなげられます。

スキルアップのコツ（参考図書などは？）

問題解決本も多数出ていますが、渡辺健介さんの『世界一やさしい問題解決の授業』（ダイヤモンド社）は、前章に記載した問題抽出から、問題解決の具体的な方法までわかりやすく書かれています。また、齋藤嘉則さんの『新版 問題解決プロフェッショナル─思考と技術』（ダイヤモンド社）は、事例を踏まえて、ＷＨＹツリーやコーザリティ分析、次章で課題設定に役立つＳＯ─ＨＯＷツリーなど一連の問題解決ワークをまとめた本として、ぜひ読んでいただきたい一冊です。

ただ、残念ながらフレームワークだけわかっていても原因はつかめません。必要な原動力となるのは、「こうかもしれない」「いや、こうかもしれない」という仮説です。１つの仮説にしがみつかず、複数の視点から物事が見られるような「仮説思考」や「複眼思考」に関するトレーニング法や書籍も併せて見ておくと良いでしょう。

10章

プランニングフロー ステップ5 課題を設定する

この作業の必要性（なぜやるのか？）

問題が「ある事業の売上が未達である」となり、コーザリティ分析などの結果、主要な原因が「イノベーションの停滞を生み出している社員の高齢化による保守志向や成功体験へのしがみつき」になったとします。このとき、あなたはどんな改善施策を考えるでしょうか？

例えば、

- イノベーションマインドをもったスタッフの登用をする

- 早期退職を促し、社員の若返りを図る
- 全く異なる業種から人材を採用して意識改革を図る
- イノベーティブな取り組みができる研修・教育システム、報酬体系をつくる
- 経営方針を見直し、イノベーティブな発想が生み出せるよう社風を変える
- イノベーションよりもオペレーションを重視する方向に切り替える

……など、いろいろな視点からアイデアがでてくるかもしれませんが、どれもそうかもしれないし、そうではないかもしれないという印象をもつのではないでしょうか。

そこで必要なのは、施策のアイデアがぶれないように、方向性を示す（施策よりも少し抽象度が上がる）「課題」というものです。

主な作業内容（何をやるのか？）

●抽象度を高める

課題を抽出するには、まず主要な原因（これを解決しなければ、問題は解決できない！）というものを見つけ出します（主要な原因は、1つだけではなく、複数あるかもしれません）。そして、その原因を是正するためには、どうすれば良いか？　ということを「具体的な施策」「すぐ思いつくような施策」ではなく、あくまでも「こうあったら良いだろうという方向性」を出してみるのです。この抽象度の高め方は、なかなか難しいかもしれません。

●「こうあったら良い方向性」を出してみる

課題は原因を推定すれば自動的に決まるわけではなく、担当者によって異なりますし、複数の課題案を出して、具体的な施策を考えてからベストな課題を残すということもあります。

例えば、先ほどのケースの場合は、こんな課題になるかもしれません。

課題：商品をゼロベースで生み出す

課題：イノベーションにこだわらない価値創造をする
課題：当社「らしくない」人材育成を確立する

この中から何を課題として設定するのかは、その組織のリーダーや担当者のセンスです。前編の提案のところで、「クライアントがどんな課題（感）をもっているのか？　を想定した提案をしよう」と書きましたが、まさしく組織や人によって課題（感）が異なるためです。ですから、仮に原因を的確に捉えていたとしても、課題設定のセンスが悪いと問題を解決できるとは言えないのです。

●抽象度を高めるヒント

抽象度を高めるのが、なかなか難しいという場合は、

- 結局何がしたいのか、ひとことで言ってみると？
- 180度発想を変えてみたら？

・対になる方法は、考えられないのか？

……と自分に問いかける方法で、頭をリフレッシュさせつつ、原因から適度な距離を保った言葉に紡ぎ出していきます。

このあたりの「課題抽出」の作業の重要性については、次の「施策」を考えるところでもう少し詳しくお話しします。

作業のポイント（注意したいことは？）

原因推定、課題設定、施策立案の3つのプロセスを混同している方もいらっしゃいます。考える順序がつながっているのと、クライアントに提示する提案書には同じページに書かれていたりしますので、3つを区別なくまとめてしまっているかもしれません。しかし、思考プロセス上、意識的に分けて考えておくと進め方や内容の整理はしやすくなりますので、キャリアの浅いうちこそ、しっかり分けて考えてみましょう。

現状とあるべき姿のギャップである「問題」を発生させている「原因」は、ネガティブ（～ができていないから）であり、その原因を解決する「課題」はポジティブ（～をしよう！）というように捉えてください。「課題」は施策の方向性となりますが、「施策」はいつ、誰が、何を、どこで、どのように……という具体的な内容となります。

アウトプットのイメージ（具体的には？）

課題は、このあとに続く施策全体を覆う「傘」のような役割になりますので、課題を提案書に落とし込む場合は、「施策コンセプト」や「提案コンセプト」と言い換えられることもあります。コンセプトらしく、単純でわかりやすい言葉とビジュアルで示し、クライアントの課題（感）を表現するにふさわしいかたちに仕上げていきましょう。

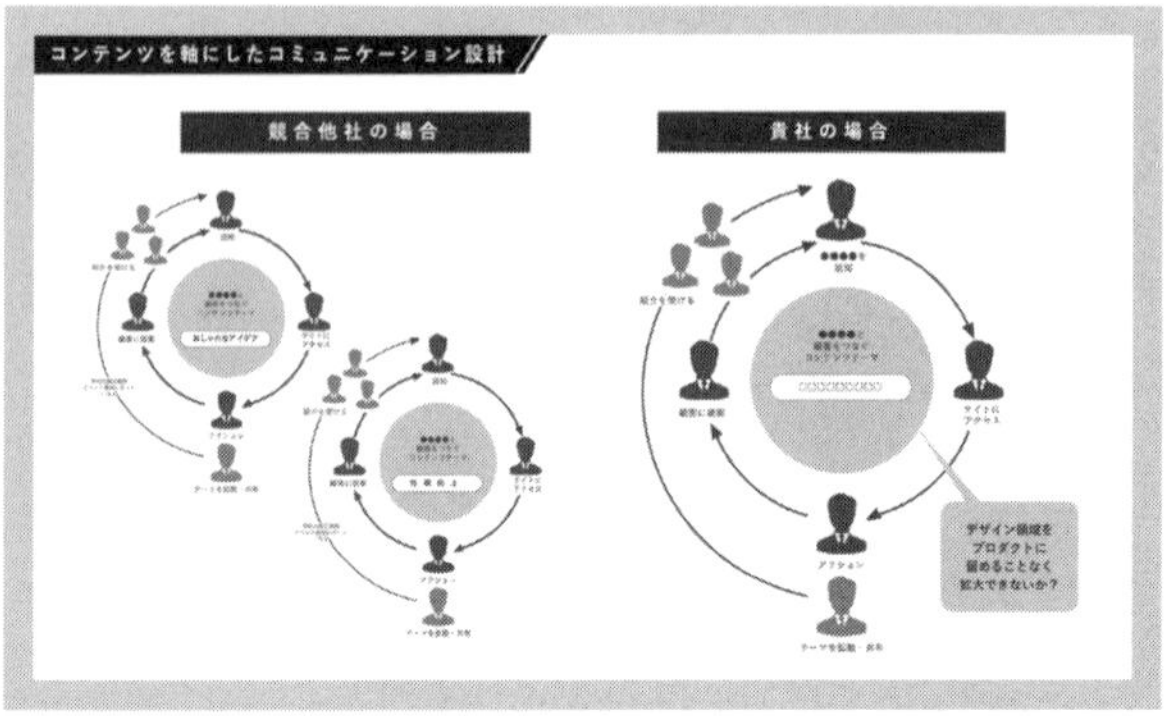

課題をコンセプトチャートで示す

コンテンツを軸に理想的な顧客コミュニケーションフローを設計した例です。課題である「ターゲットに合わせたコンテンツを制作すること」で、認知→アクセス→問い合わせ→提案といった理想的なサイクルが回せることを表しています。

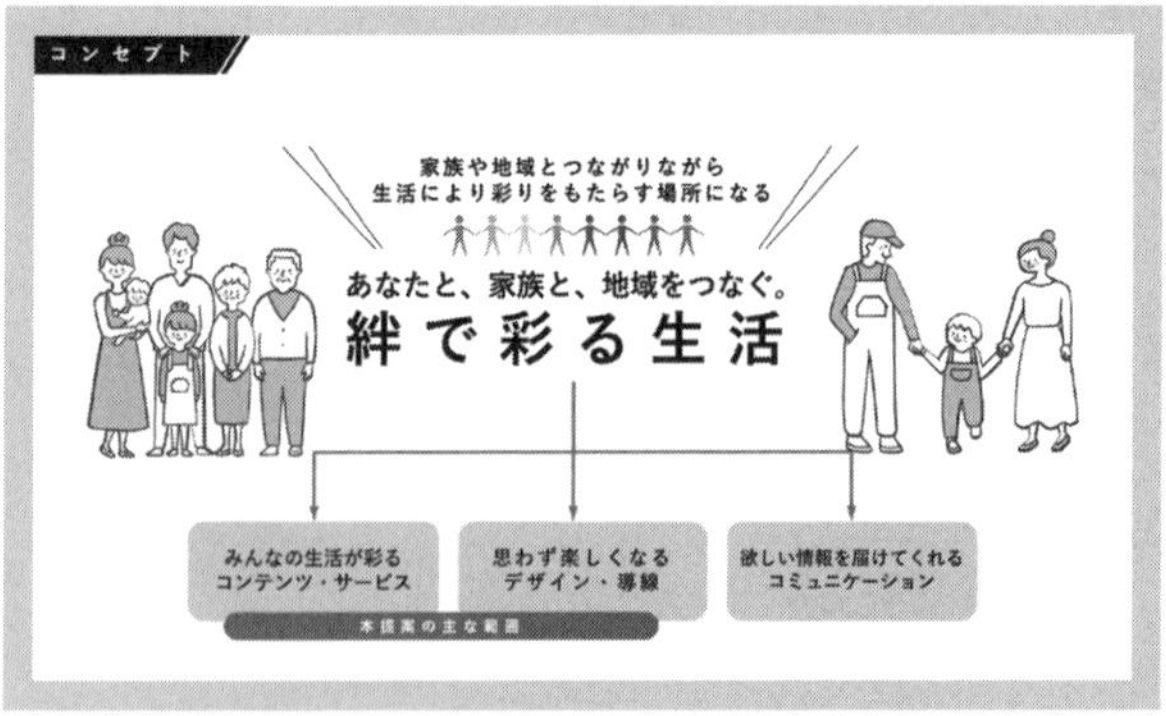

課題をコンセプトワードで示す①

さまざまな課題を1つのコンセプチャルなワードでまとめることで、課題への取り組み意欲を高めることができ、このあとの具体的な施策のアイデアにもつながりやすくなります。

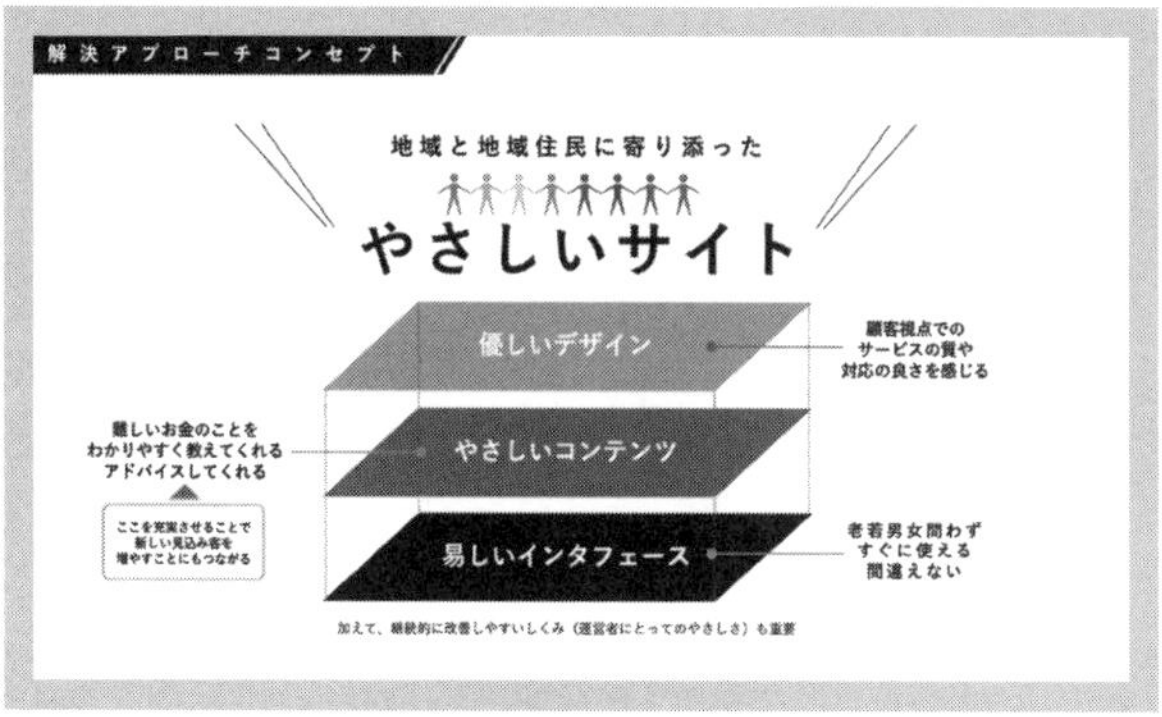

課題をコンセプトワードで示す②

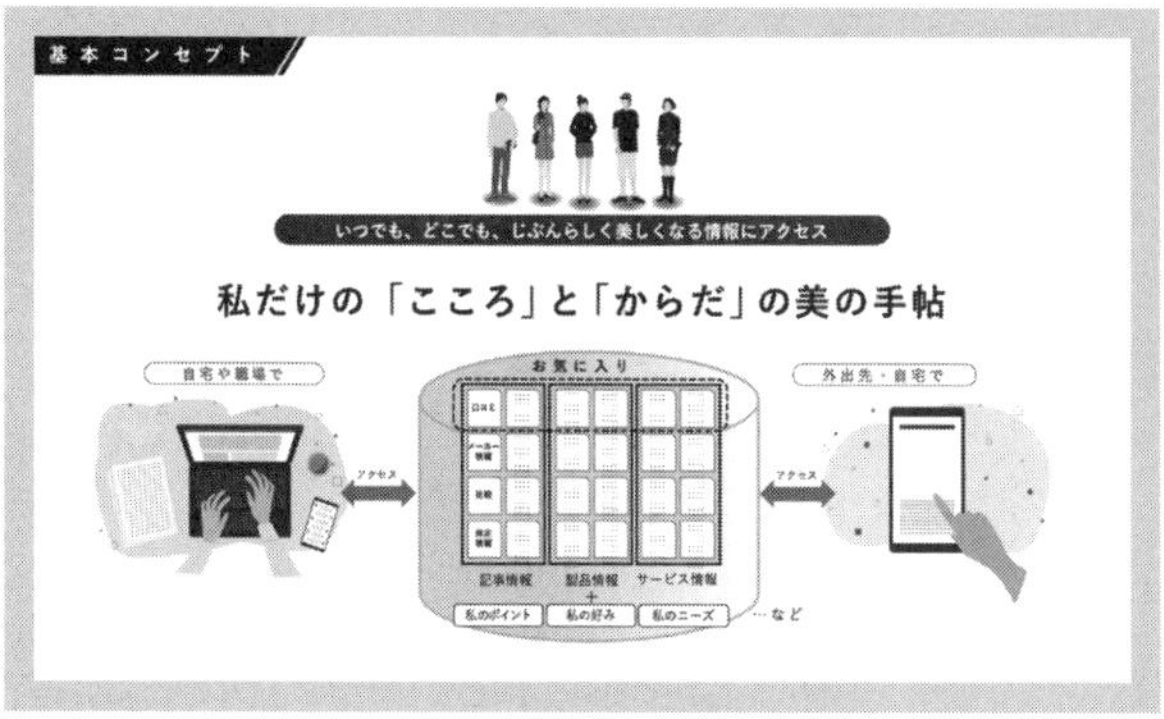

課題をコンセプトワードで示す③

スキルアップのコツ（参考図書などは？）

課題設定では、「原因」という具体と「課題」という抽象を行き来しながら、これがベストかも！　というかたちが見えてくるプロセスをたのしめるようになりたいものです。タイトルがそのものズバリの『具体と抽象』（dZERO）は、そういったトレーニングをする上で欠かせない本として、私たちの入社前研修の必読書にもなっています。著者の細谷功さんは「考える系」の良質な複数の書籍を出されていますので、チェックしてみてください。その他、「～かも」と仮説ありきで全体像を描いてしまえるアブダクション力や相手がこう思うだろうなと想定してアクションできるメタ表象力などを身につけると、思考がもっと柔軟になるでしょう。

11章

プランニングフロー　ステップ6　施策を考える

この作業の必要性（なぜやるのか？）

クライアントが最も欲しいものは、具体的に何をどうやれば課題解決できるか？　という「施策」です。提案する側としては、「問題の整理→原因の推定→課題の設定」というロジックから施策を考えていきますが、提案時においてクライアントは、その思考プロセスにあまり興味をもっておらず、まず効果のありそうな施策に目が行きます。

キャリアが浅いと、ロジックづくりに時間がかかってしまうのは致し方ないのですが、できるだけロジックよりも施策をしっかり考えることに、比重を置きたいところです。

主な作業内容（何をやるのか？）

●課題解決のための方向性を出す

具体的な施策のアイデアが重要だとはいえ、玉石混交のアイデアをたくさん出せば良いわけではありません。当たり前ですが、クライアントはきちんと課題解決ができ、目的・目標を達成できるのかを冷静にチェックしています。そのため、課題を起点にしたSO―HOWのロジックツリーを使い、できるだけ論理的にかつ効果のでそうなアイデアを拡散させていきたいところです。

●SO―HOWのロジックツリー

1つの課題に対して、どんなことができるのか？　できるだけ多くの案を考えていきます。ここでは少しビジネス視点から離れますが、誰もがイメージしやすいように「彼氏をつくる！」という課題を例に、アイデアの幅の出し方を見てみましょう【図A】。

【図A】SO-HOWのロジックツリーで、アイデアを生む

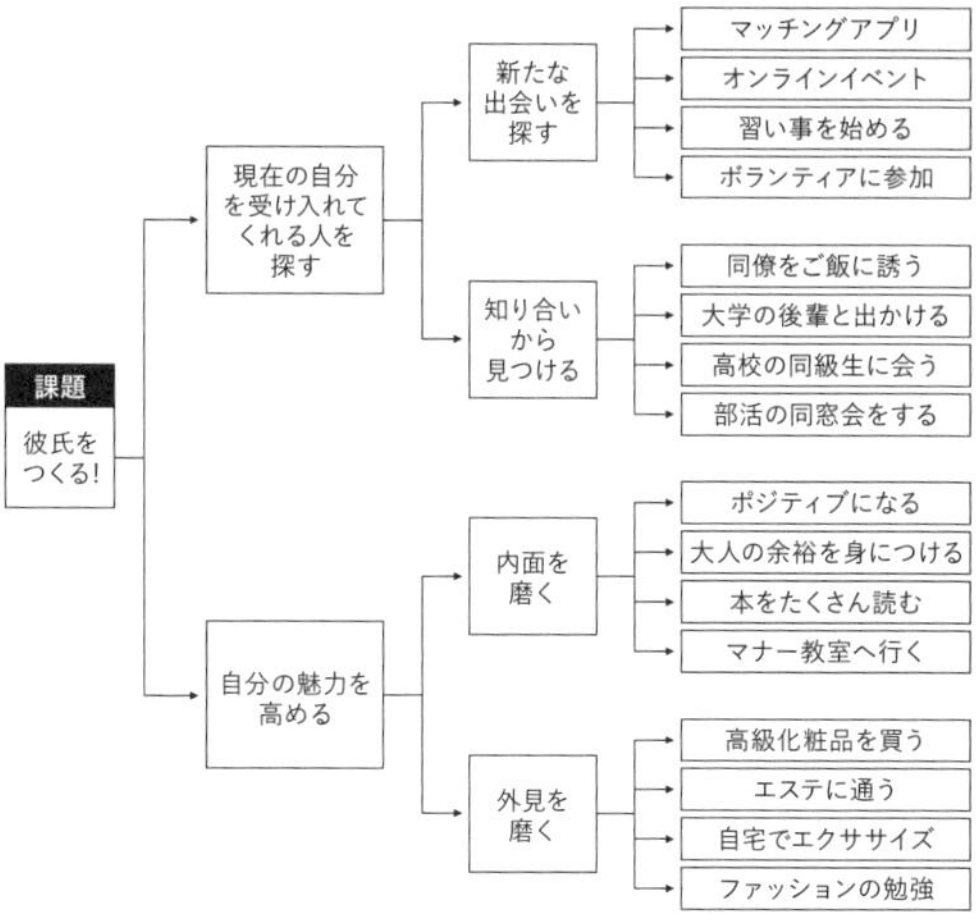

まず、彼氏をつくるための方向性を2つ書きます。1つ目は、「現在の自分を受け入れてくれる人を探す」。2つ目は、いまの自分ではなく「自分の魅力を高める（と異性が集まりそう）」としてみます。そのためには「どうやって？」と自問して、より具体的な施策を加えていってみましょう。例えば「新たな出会いを探す」「知り合いから探す」……というように。

さらにその下層はより具体的な策を書いていきます。「マッチングアプリを使う」「オンラインイベントに参加する」「習い事を始める」……などなど。なんとなく課題解決の全体像が見えてきませんか？

【図B】アイデアコンセプトを出してみる

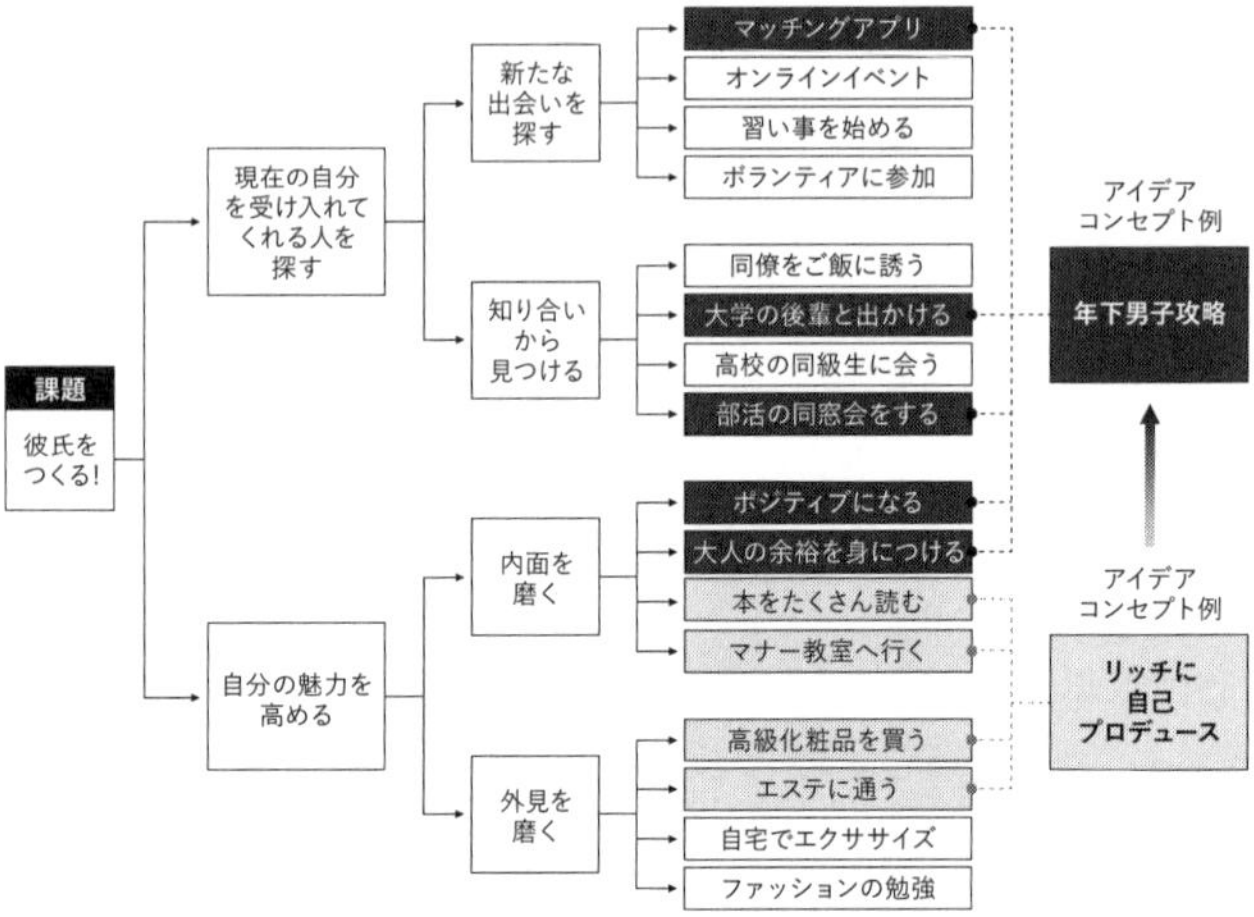

ひと通り施策が出尽くしたら、これは効きそうだなというものをピックアップし、「アイデアコンセプト」として、ひとことで言えないかを考えてみます【図B】。ここも思考の方程式があるわけではなく、「こういうことが言えないかな？」「もしかすると、こうかも？」という、あなたのアブダクション力が問われるところです。

例えば、「部活の同窓会をする」という案がトリガーとなり、「年下男子と付き合う」ということが考えられないか？　とか、教養をつけたり、エステの施術を受けたりして、内面・外面を美しくするところから「リッチ

【図C】アイデアコンセプトを基軸に、さらに施策を広げていく

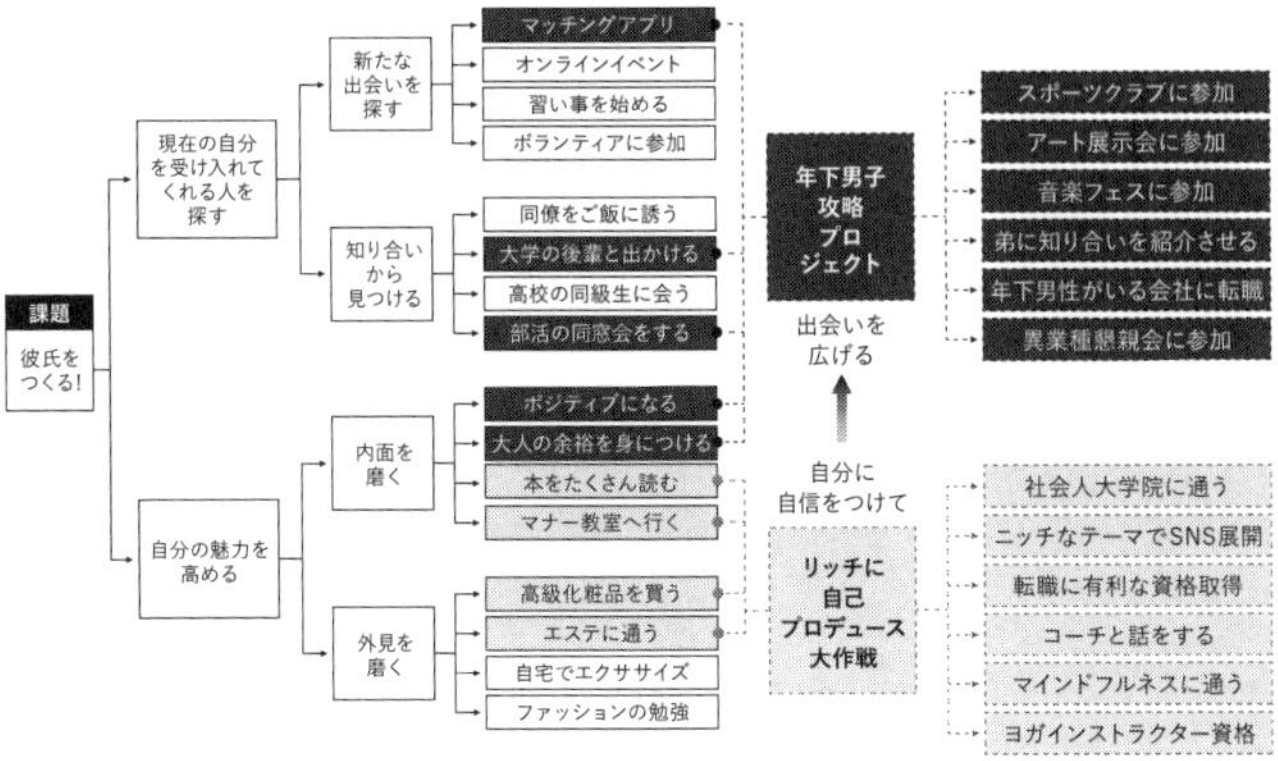

に自己プロデュースしていこう」というアイデアコンセプトが考えられたりします。そうすることで、〝自分を磨くことで自信をつけ、年下男子などへ出会いを広げていこう〟という施策の進め方も考えられそうです。

これはあくまでも一例ですが、可能性や確からしさは、このあとの効果予測で検討しますので、まずはこの程度のラフなアイデアコンセプトを出してみましょう。

ここで、「あれ？」と思う方もいらっしゃるかもしれません。アイデアが出ているのに、なぜまたわざわざ、アイデアコンセプトを出すのか？　と。

実はこのアイデアコンセプトは、いったん

止まってしまったアイデアを別の視点でさらに広げていくための起爆剤なのです。ここでは「年下男子攻略」や「リッチに自己プロデュース」というアイデアコンセプトを基に、さらなるアイデアを付け加えていきましょう【図C】。アイデアが出せる人は、このようにいったん出し尽くしたあと、アイデアを基にさらに抽象度の高いコンセプトを出し、そのコンセプトに基づく新しいアイデアを出し、別のアイデアコンセプトが見つかれば、そちらでも拡散していく……ということを繰り返しているのです。

こういった一連の作業を経て、効果のありそうな施策はどれだろうか？　と優先順位をつけ、より具体的な方法論を考えていくことになります。

●クライアントとは、やることを変える

「ここまでの作業は非常に面倒だ。原因がわかっているなら、すぐに解決施策を出せば良いじゃないか？」という方は、提案マインドが低い人かもしれません。実際のところ、そのような〝原因解決型の解決アプローチ〟はすでにクライアントもやっていますが、原因解決型には、ありきたりな解決策しかでてこなかったり、ともすると原因と施策が表裏の

「課題解決型」VS「原因設定型」の解決アプローチ

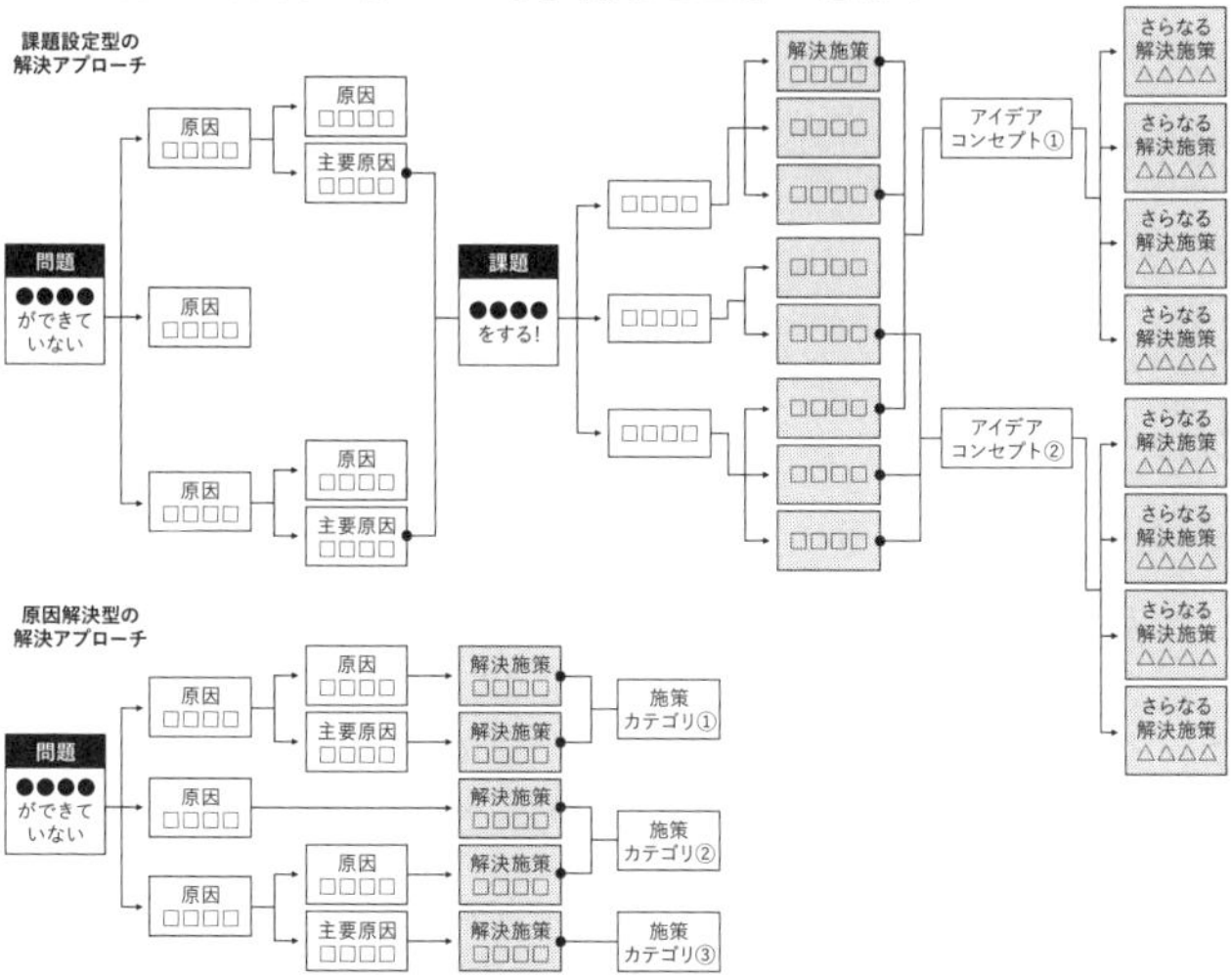

関係になりがちであったり、というデメリットがあります。

反対に、これまでご紹介してきた、問題抽出→原因推定→課題設定→解決策という流れを〝課題設定型の解決アプローチ〟とすると、これまでの解決策ややり方にとらわれずにアイデアがどんどん拡散できそうだと思いませんか？

クライアントは自社事業に関する問題を常に捉え、その原因に対する局所的な打ち手は施してきているはずです。

外部からの提案が欲しいのは、もっと違った視点での施策のアイデアを必要としているからなのです。

せっかく提案をするなら、原因に対してすぐに解決施策を出すことは止め、いったん複数の原因をまとめて課題としてから、施策のアイデアを出していきましょう。そのほうが、新しい発見が多くなるだけでなく、ＴｏＢｅも描きやすくなります。ただし、クライアントの課題が明確である場合は、改めて課題設定を行う必要はありません。さっそく、アイデア拡散作業に入っていくかたちで良いでしょう。

●アイデアシートを活用したブレーンストーミングを行う

「ＳＯ－ＨＯＷのツリー」でアイデアの方向性が出せたら、より具体的なアイデアを出すために、ブレーンストーミングを行うことがあります。

ただ、キャリアが浅い方々がその場でフリーディスカッションするのはあまり生産的ではないので、ブレストの参加者に、Ａ４サイズ１枚の紙に施策のタイトル、狙い（誰に何をしてどうさせたいか？）、仕組み、期待される効果、留意点を記載したものを５案ほど

アイデアシートのイメージ

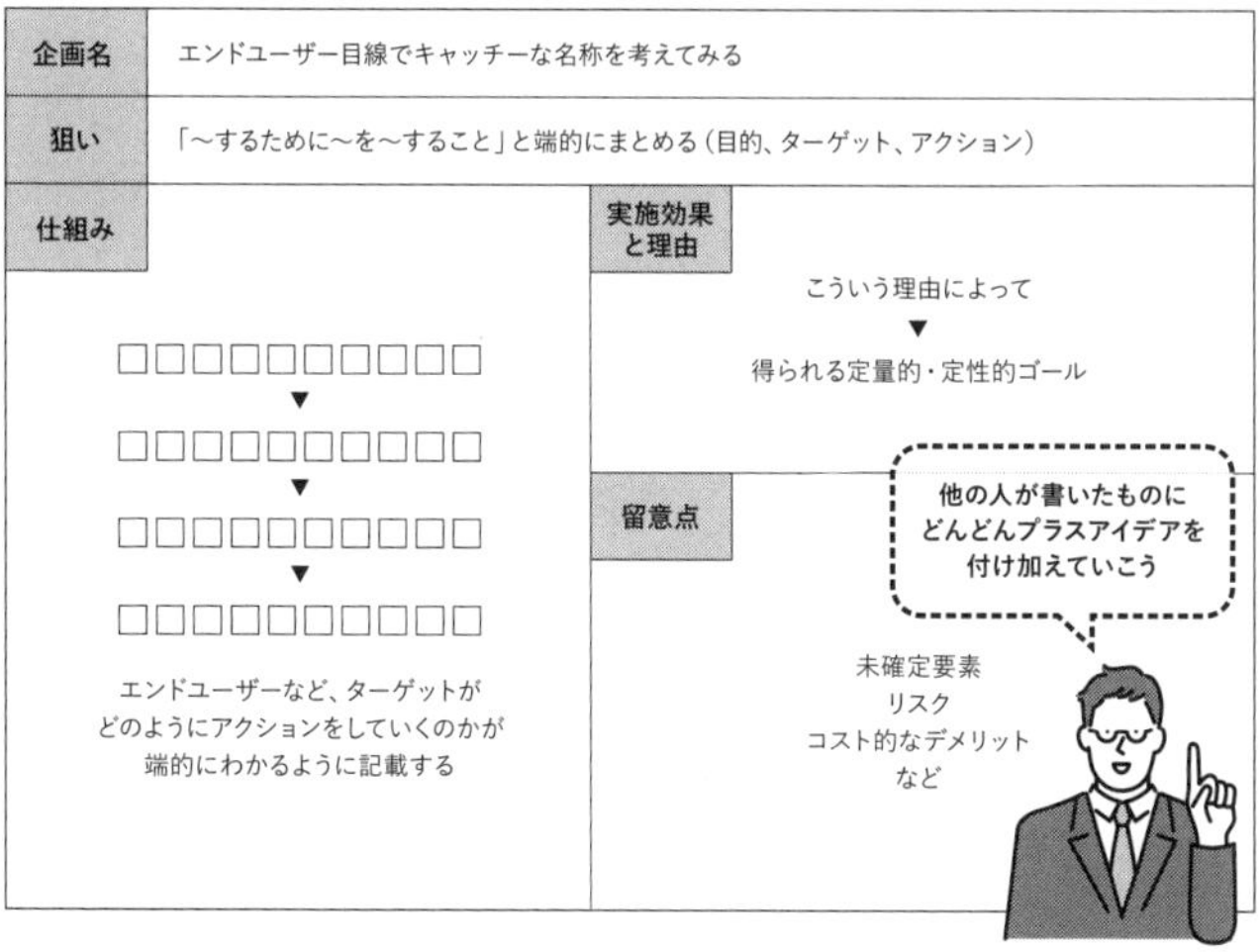
企画名
エンドユーザー目線でキャッチーな名称を考えてみる
狙い
「〜するために〜を〜すること」と端的にまとめる（目的、ターゲット、アクション）
仕組み
□□□□□□□□□□
▼
□□□□□□□□□□
▼
□□□□□□□□□□
▼
□□□□□□□□□□
エンドユーザーなど、ターゲットがどのようにアクションをしていくのかが端的にわかるように記載する
実施効果と理由
こういう理由によって
▼
得られる定量的・定性的ゴール
留意点
未確定要素
リスク
コスト的なデメリット
など
他の人が書いたものにどんどんプラスアイデアを付け加えていこう

用意してもらいましょう。

各自記載してきたものを当日参加者に配布。5分程度その内容に対して、自分なりに肉付けをし（否定的なことは書かない）、次の人に渡し、次の人はまたその内容に追記する……ということを繰り返して、1つひとつのアイデアを拡散させていきます。

そして、最後に参加者全員にコピーしたものを見せ、アイデアの良し悪しを議論して、クライアントに刺さりそうなものを絞り込んでいきます。

アイデアシートを整えただけの提案書

アイデアシートに少し手を加えたジャブ提案の資料例です。ポイントがわかりやすいので、クライアントの意思決定などもかなり早いのがメリットです。「企画書は1枚で書きなさい」という類の本がありますが、まさしくそれです。

●施策を絞る

さまざまなアイデアが出てきたら、次の基準に基づき、PROS.&CONS.をまとめ、残すものを決めます。

- どんな成果が見込めそうか？
- 実現できそうか？（人材はいるか？　モノはあるか？　予算はあるか？）
- どんなリスクがあるか？
- スピーディに立ち上げられるか？
- クライアント企業らしいか？（ミッションステートメントやトンマナと合致するか？）
- クライアントの責任者に実行する意思はありそうか？
- クライアント側に実務レベル推進役はいるか？

●一瞬でわかるように、より具体的に示す

百聞は一見に如かず。営業パーソンの教育提案であればプログラム概要を、システム提

案であれば全体概念図を、広告提案であればキャッチコピーとビジュアルを、アプリであればモックアップデザインを……というように、アウトプットがしっかり伝わるように提示したほうが提案は通りやすくなります。

ただし、施策の提案時にアウトプットイメージとして他社の事例を出すと、二番煎じになるのでやりたくない……と、逆効果になることもあります。できるだけ、そのクライアント独自のものをつくって提案してください。そのほうがクライアントも自分たちなりのアイデアを乗せやすいので喜んでくれます。

作業のポイント（注意したいことは？）

●ゼロからのアイデアは狙わない

永く愛されているジェームス・W・ヤング氏の名著『アイデアのつくり方』（CCCメディアハウス）にも記載されているように、アイデアは常に二番煎じであることを肝に銘じておきます。全くのゼロベースから施策を考えるのは非効率です。目の前のものを世の中にあるいろいろなものからヒントを得て、どう改善するのか？　という心構えをもっておきたいところです。

●事例＋フレームワークが、アイデア出しのコツ

施策のアイデア出しには、複数の事例をみる、知る、体験する、気になる内容をストックしておくという下準備が日頃からできていることが重要です。製品・サービス特長の捉え方やターゲット、利用機会などを別の事例から代替することで、新しいアイデアが生まれるからです。

その上で、アイデアを出すためのフレームワークを使い、どんなところを変えれば良いか？　改めて考えていきます。私たちがよく使うのは、スキャンパー法や便益チャート、ポジショニングマップ、ジャーニーマップ、クライアント分類、ビジネスモデルキャンバスなどです。課題設定のためのフレームワークとアイデア出しのフレームワークは明確に分けられるものではありませんが、おおよそこのようなフレームワークがアイデア出しには有効でしょう。

●壁打ちをする

　自分が出したアイデアが受け入れられそうか？　クライアントの立場で、エンドユーザーの立場で、あなたの競合他社の立場で……忌憚のない意見を言ってもらえる人に、「これどう思います？」とプレゼンしてみます。良い評価を得られれば、自信をもって引き続き提案書をまとめていけば良いですし、批判的な意見をもらったようであれば、受け入れるべきかどうかを考え、素直に改善していきましょう。

「きれいに整っていないから」「せっかく考えたのにひっくり返されるのは面倒だから」「批判的な意見を受けるのは心が痛くなるから」「忙しい人に時間をとってもらうのは気がひけるから」などという理由で壁打ちをしない人は、せっかくの成長のチャンスを自ら断っているかもしれません。

アウトプットのイメージ（具体的には？）

施策案そのものは、各提案の現場によって異なると思いますが、クライアントとのブレーンストーミングを除き、いきなり局所的なアイデアを提示するのは避けましょう。まず、施策の全体像や関係性を描き、各施策の必要性を明確にします。その上で、具体的な施策について説明していくというストーリーでアウトプットを用意したいものです。

そうすることで、全体像をプレゼンしているときに、クライアントの反応をみながら、説明する手順や強調するポイントを臨機応変に変えていくことができます。

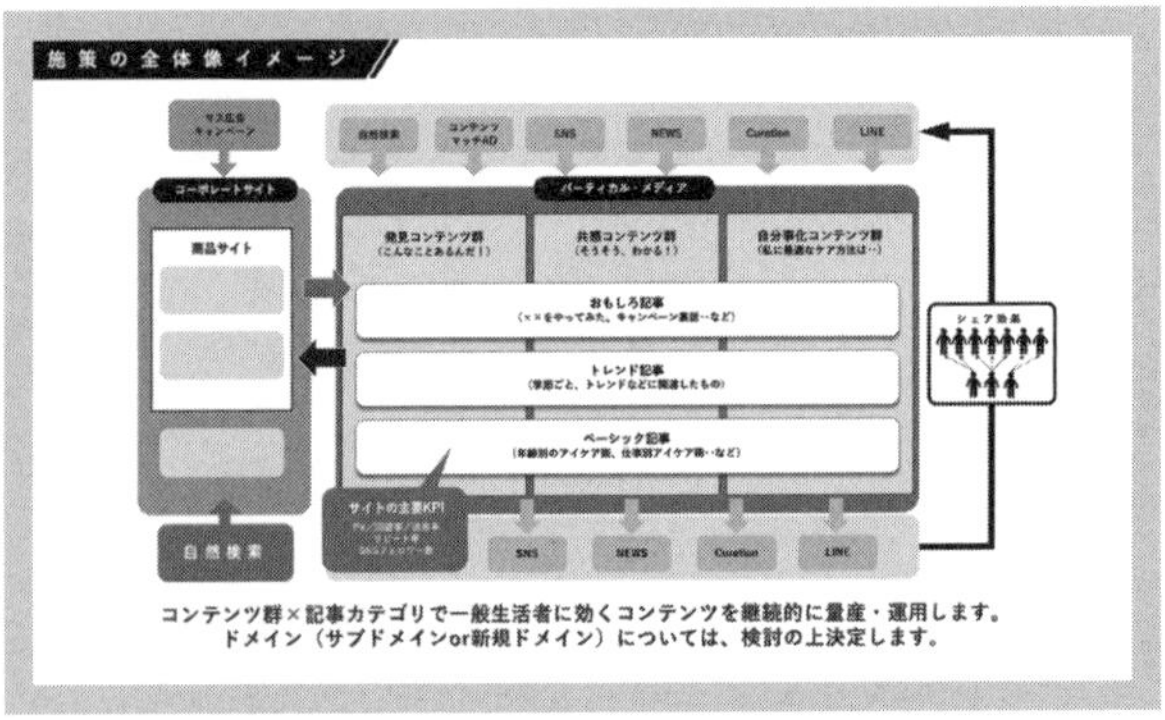

コンテンツ施策の全体像

バーティカルメディアの制作にあたり、コーポレートサイトとの位置づけを示しながら、全体像をまとめた内容です。加えて、どのようなコンテンツを入れるべきかを記載しています。

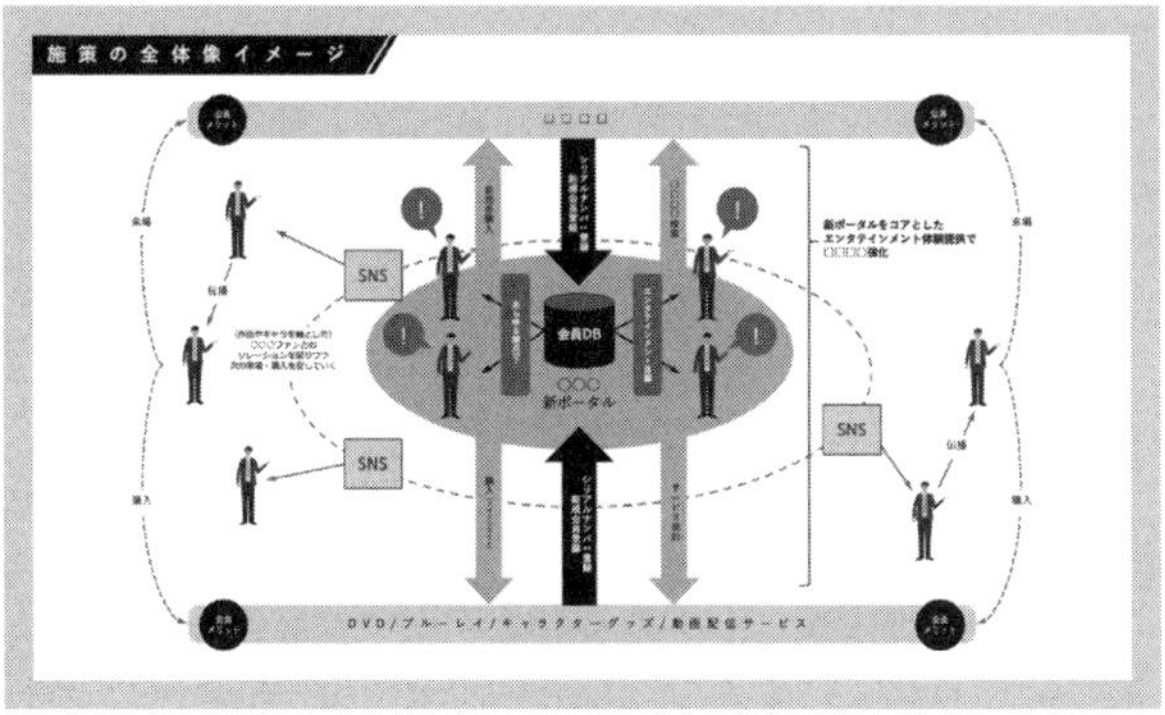

プロモーション施策の全体像

キャンペーンやプロモーションの施策の全体像を示した例です。施策を実行した場合の、顧客の動きと情報の流れが記載され、その効果がイメージできます。これらの情報に加えて、お金の動きなどを追記することもあります。

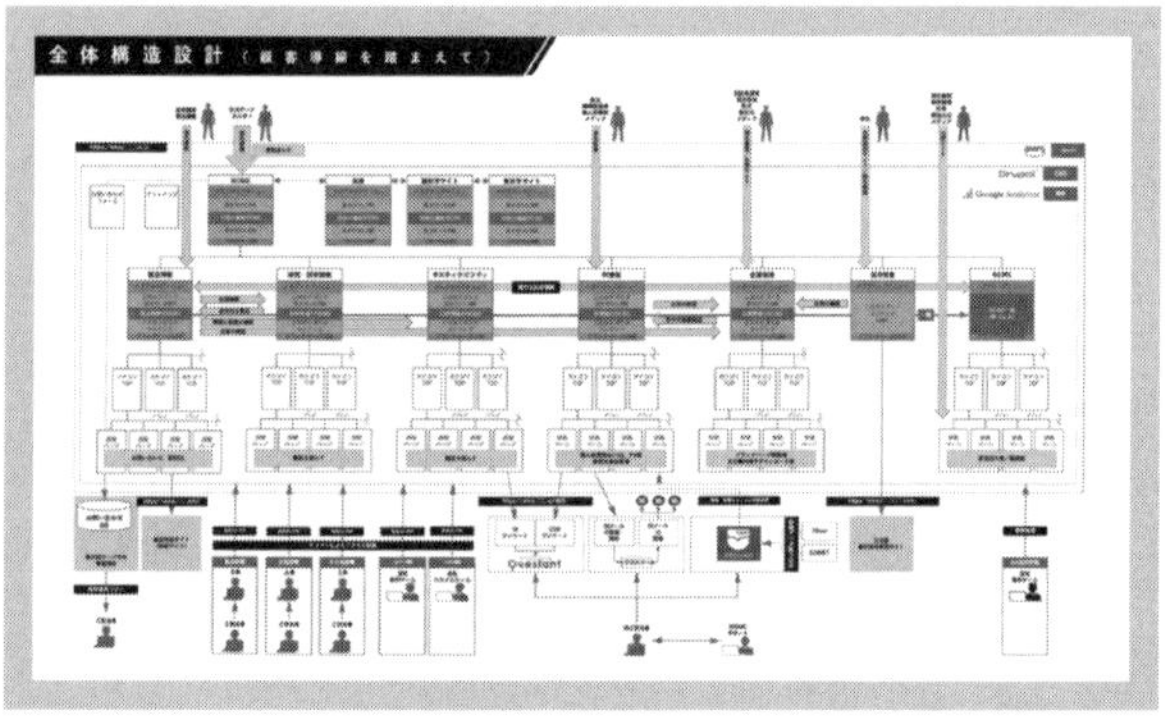

構築するWebサイトの全体像

施策の実施結果となる、サイト全体の最終形を示した資料です。施策の最終的なゴールの説明だけでなく、ある目的のためには、どこから施策を実行すべきか？ といったスコープ決めにも活用できます。

スキルアップのコツ（参考図書などは？）

「この案で良いだろう」とありきたりなアイデアに満足してしまう人と「他にないかな？」と考える人では、アウトプットやキャリアに大きな差がつきます。「他にないかな？」と貪欲に探す人は、いろいろなものを吸収しようと努力しますので、自ずとセンスが磨かれていきます。好きこそものの上手なれとはいいますが、どんなに厳しい状況の中でもギリギリまで「他にクライアントが喜びそうなアイデアはないかな？」を問い続けたいものです。

アイデアを生み出すための参考書は、初版は古くても、いまだに充分使えるものが揃っています。マイケル・マハルコ氏の『アイデア・バイブル』（ダイヤモンド社）、ジャック・フォスター氏『アイデアのヒント』（CCCメディアハウス）、パーチ＆クレッグ両氏『アイデアのつくり方を仕組み化する』（ディスカヴァー・トゥエンティワン）、コンランド・ヘロウド氏『イノベーティブ・シンキング』（ダイヤモンド社）など。アイデアを生み出すマインドは、クリエイティブディレクターや研究開発者が書いている仕事の構え方のような本が参考になるでしょう。例えば、原研哉氏『デザインのデザイン』（岩波書店）、大嶋光昭氏『「ひらめき力」の育て方』（亜紀書房）など、ぜひご自身でも探してみてください。

生成AIを活用してロジックツリーをつくる

ＷＨＹツリーをつくる場合、あまり多くのフレームワークを学んでいなくとも、「□□という問題の原因として考えられることを5つ挙げてみて」とＡＩに問う（プロンプトを書く）ことで、ロジックツリーの「縦軸」を広げられたり、その業界について深く知らなくても「いつ、どこで、誰が、どんな時に○○が起こるのか？」と問うことで「横軸」を深掘りできます。

同様にＳＯ－ＨＯＷツリーでも「××業界において、△△をしたいのだが、どのような施策が考えられそう？」「事例は？」「異業種だとどう？」「ターゲット顧客に受けそうなことは?」などＡＩに聞いてみましょう。さまざまなアイデアのヒントを手に入れられます。

このようにＡＩと対話しながらアイデアを詰めるのではなく、最初にベースとなるロジックツリーを一気につくってしまうスクリプトやマインドマップをつくれるＡＩツールも公開・販売されていたりします。ご自身の使いやすい方法でアプローチしてみてはいかがでしょうか?

とはいっても、驚きや面白みのあるものは、「アイデアコンセプト」などができて、はじめてみえてくるもののようです。いまのところ、整理ツールという位置づけで活用するほうが良いかもしれませんね。

↑当社が2023年11月に試験的につくってみたロジックツリーです（プロンプト付き）。

12章 プランニングフロー ステップ7 実行計画を考える

この作業の必要性(なぜやるのか?)

実行計画(アクションプラン)は、施策を実現化するために、いつ、誰が、どのような作業を、どのくらい行い、いつ納品できるのか? それを実施する上での条件や留意点は何か? ということを明確にしたものです。もちろん提案時点でわかる範囲で構いませんが、これが用意できていないと「本当に実施できるのか?」「この人たちに任せられるのか?」というクライアントの不安が増大してしまいます。

また、魅力的な施策であるほど、クライアントはすぐに実施したいと考えますので、「自分たちはいつまでに何を決めておけば良いか?」と聞かれるはずです。そういった質問にタイミングよく答えるためにも、実行計画は常に施策とセットで用意しておくべきものなのです。

主な作業内容（何をやるのか？）

●いきなりWBS（ワーク・ブレークダウン・ストラクチャ）をつくらない

施策を推進するため作業内容を細かなタスク表に落とし込んだり、日別スケジュール表をつくったりするのは、受注後のキックオフミーティング時までで良いでしょう。それよりも、次のような大まかなタスクリストとフローチャートを用意し、クライアントに進め方を理解していただき、すり合わせながら進めるほうが無駄な工数を減らせます。

●タスクリストとタスク関係図をつくる

施策を実行するためのタスク洗い出していきます。この段階では、クライアントに全体観をつかんでもらうために、タスクの粒度は粗いほうが良いでしょう。ただし、アウトプットとしてまとまりのあるレベルが求められます。例えば、Ｗｅｂサイトをつくる場合であれば、ポジショニングマップやディレクトリマップ、ワイヤーフレーム、コンテンツ構成案、コピーライティング、デザインラフ、デザインカンプ、コーディングルール、コーディング、表示・操作テスト、本番環境アップ……などの塊でＢＯＸ化（箱型に描く）しておくとわかりやすいです。

そして、タスクのＢＯＸ同士を作業手順通りに並べていく（線をつないでいく）ようにして、どの作業が終わらないと次の作業ができないのか？　同時並行で走れるのか？　などがわかるよう、フローチャートとしてまとめます。

●タスクのフローチャートを週次カレンダーに当てはめる

つくったタスク関係図を週次カレンダーに落としこみます（1カ月を4週間で割っただけの簡単なもの）。与件で、プロジェクト期間が6カ月と希望されているようであれば、まず6カ月の中にタスクを落とし込みます。また、役員への中間報告や上期報告会などに進捗のレポートを出さないといけないといった、マイルストン（中間目標地点）がハッキリしているようであれば、その日程も組み込んでおく必要があります。

得てして希望の期間内に収まらないことが多いため、スケジュール優先案かスケジュール延長案の2パターンを用意します。スケジュール優先案の場合、スタッフを増員することでスケジュールが短縮できるのであれば、並行して走らせるタスクを増やしたり、クライアントの検討期間をだいぶ短くしたりして調整します。

●タスクのフローチャートのフェーズ（段階）分け

どう頑張っても、与件通りのスケジュールで対応できそうにないという場合は、その理由や品質の担保がなぜできないのか？　ということを伝えるだけでなく、クライアントの過度な負荷を低減するメリットも伝え、フェーズ分けをして進めていく提案をしてみます。

第1フェーズは、○○を納品して□□ができるようにする。第2フェーズは……というように、明確なゴールと納品物を提示することで確実に対応できるのであれば、検討の余地はあるはずです。

●体制図と役割表をつくる

誰がどんな役割を担い、どんな指揮系統で管理されているのかがわかるような組織図やスタッフプロフィールを導入時、運用時ともに用意しておきます。クライアントによっては、提案時は口達者な人が来て説明し、実際のプロジェクトでは期待したパフォーマンスを発揮できない人がアサインされるという苦い経験をされている方も多く、「提案書の説明は、実務をされる方にして欲しい」という要望もよくありますので、誰がプロジェクトマネジャーとしてプレゼンするのか？　にも注意して人選してください。

●進め方をまとめる

定例会などは行うのか？　資料は誰がどのようなかたちで用意するのか？　課題はどのように管理されるのか？　もし問題があった場合、どのように対処するのか？　施策の運用時のＫＰＩの策定や観測はどのように行い、どう改善していくのか？　万が一運用開始後、依頼先を変更したい場合はどうすれば可能なのか？　などの方針をクライアント視点でまとめておきます。これは使いまわしのきく資料です。

作業のポイント（注意したいことは？）

●ロードマップも一緒に描いてみる

- 今回提案する施策を進めていくと、その先はどうなるのか？
- クライアントの全体戦略の中で、今回の施策はどのような位置づけにあるのか？

といったことを1つの絵にまとめ、クライアントと共有しておくと、提案施策と企業の戦略との整合性などもとれ、施策を実施する価値が増す可能性があります。クライアントが上申する際に、サポートしてあげると喜ばれるかもしれません。

アウトプットのイメージ（具体的には？）

一連のアクションプランの資料は、今後も含めた全体の施策実行のロードマップ、今回のプロジェクトに関するタスクのフローチャート、そのタスクを週単位のスケジュールに落としたチャート、体制図・役割表、具体的な進め方、成果物一覧といったものになります。これらは、各企業でフォーマット化されていると思いますので、改めてベースを用意する必要はないかもしれませんが、ロードマップだけはその案件に合わせて表現を工夫したほうが良いかもしれません。

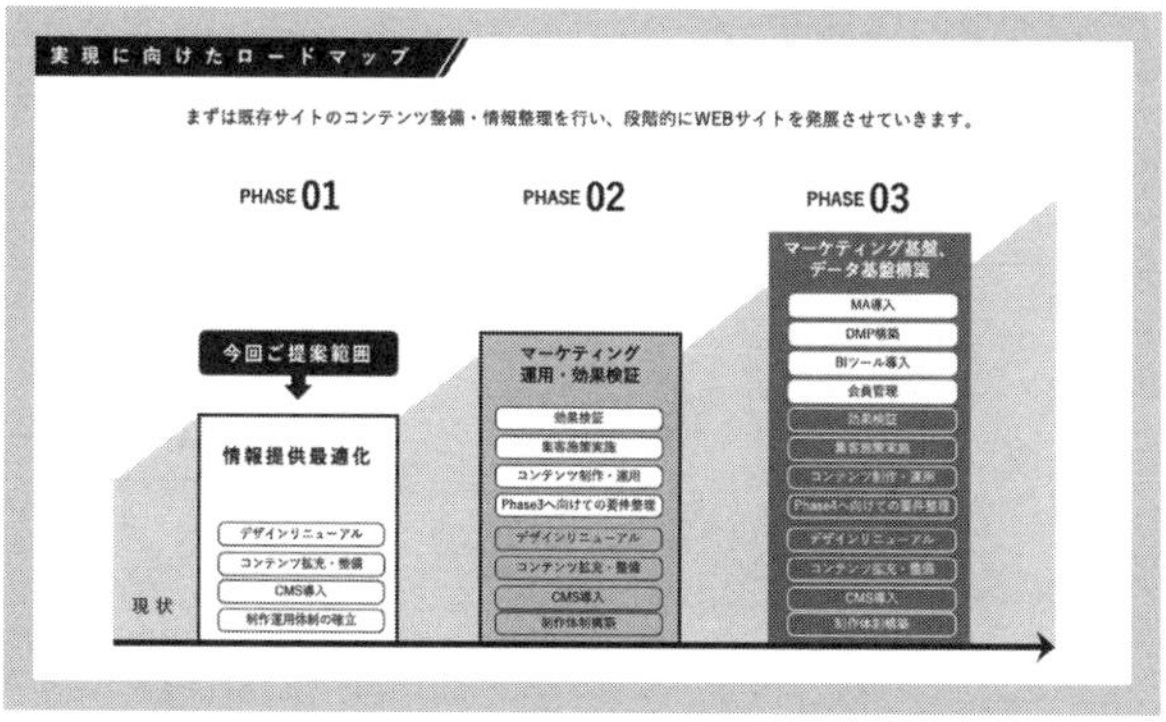

ロードマップイメージ

既存サイトの改修に向けたロードマップの例です。各フェーズに必要なタスクを洗い出し、どのような順番で改修を行うべきかを記載しています。これで、全体的な進め方をイメージしていただいた上で、細部の議論に入っていきます。

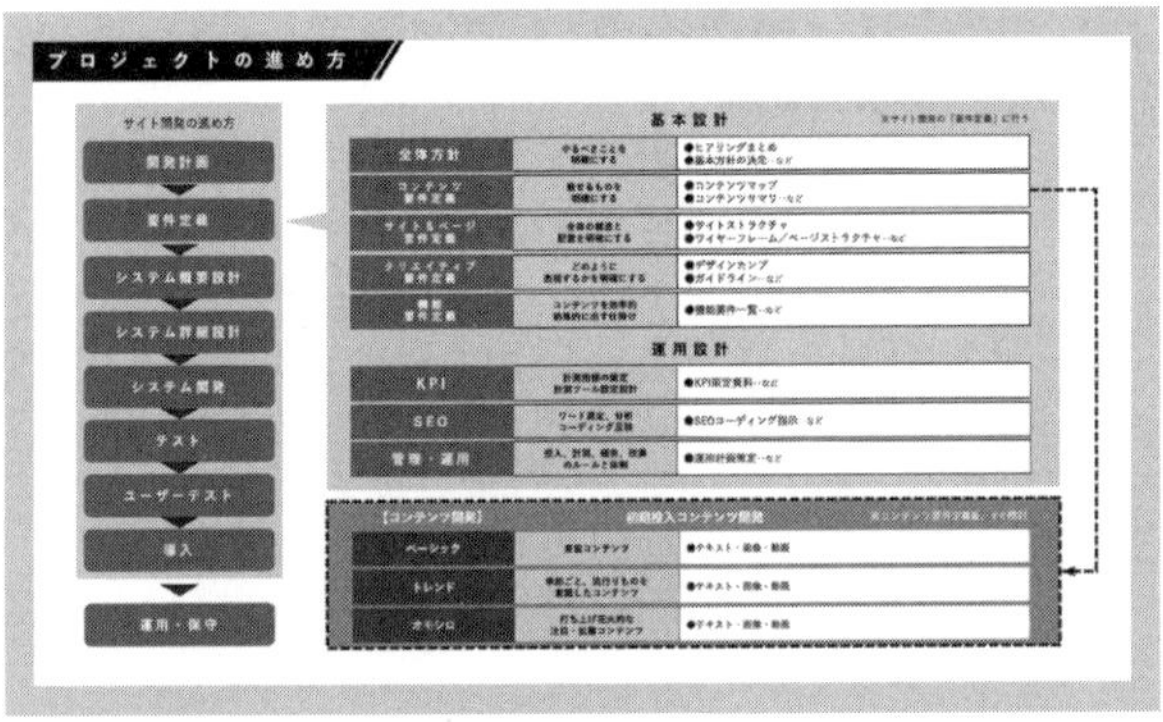

プロジェクトのタスクフロー

プロジェクトを実行するためのタスクを洗い出し、手順として並べて記載した例です。タスクの定義に加え、各タスクで発生する作業を整理することで、施策実現に向けて行うワークの納得性が増すだけでなく、この内容を基にスケジュールが作成できます。

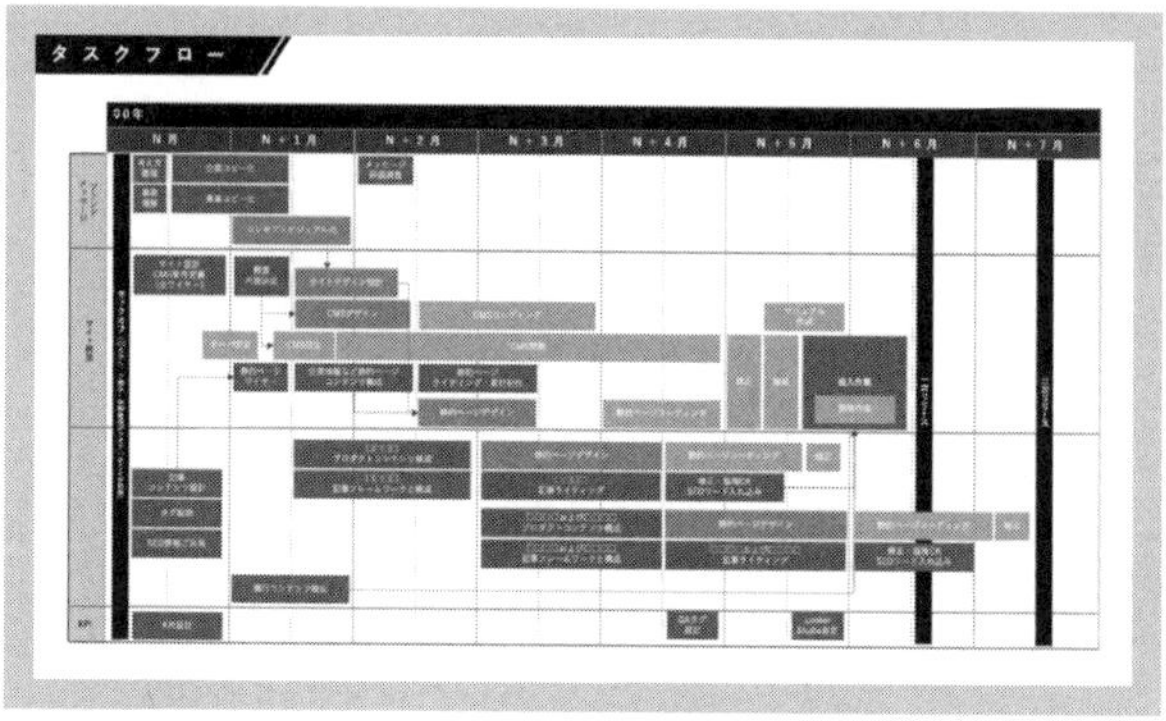

スケジュールがイメージできるタスクフロー

施策実行に向けてタスクを洗い出し、月ごとのスケジュールに落とし込んだ例です。企画・プランニング、デザイン、コーディングなどの塊ごとに色を決め、リリースのタイミングは赤で記載し、ぱっと見で理解しやすいものになっています。

プロジェクト成果物

プランニング系	プロジェクト計画書	目的、範囲、制約条件、全体作業フロー、スケジュール、体制等
	議事録	各定例会議等の議事録
	課題管理表	都度検討項目が発生した場合の内容と対応施策等の記録事項
	Webサイトストラクチャ	Webサイトの全体構造を示したもの
	ワイヤーフレーム	Webページの画面構成と機能内容を確認するもの（要件定義時）
	ページストラクチャ	Webページのコンテンツ要素までが入った最終構成稿（制作時）
デザイン系	デザイン完データ	デザインカンプとなるXDデータ　※最終決定稿のみ
	デザインガイドライン	デザインのエレメント、カラーリング、フォントなど各種取り決め
開発系	プログラムソースコード	標準、拡張機能の記述仕様ドキュメント
	HTMLテンプレート／HTMLファイル	CMSに搭載するテンプレートと各種ファイル類
	システム開発要件定義書	開発方針、前提条件、機能要件、機能外要件（保守・拡張など）、セキュリティ等
	データ項目定義書	システム内におけるコンテンツ等のデータ項目を定義したもの
	バッチ設計書	システム内におけるデータの受け渡しを定義したもの
	テスト設計・報告書	テストの計画ならびに実際の結果と対応についてまとめたもの（簡易版を想定）
運用系	運用手順書	CMSを使ったコンテンツの更新方法などの説明書

成果物一覧

プロジェクトの成果物を一覧化した資料です。スケジュールに落とし込んだプロジェクトのワーク内容ごとのアウトプットを提示しています。各項目がいくらなのか？ といった御見積は、この右側に記載されていてもおかしくありません。クライアントと納品物の認識合わせができるとともに、残せる資産もお伝えできます。

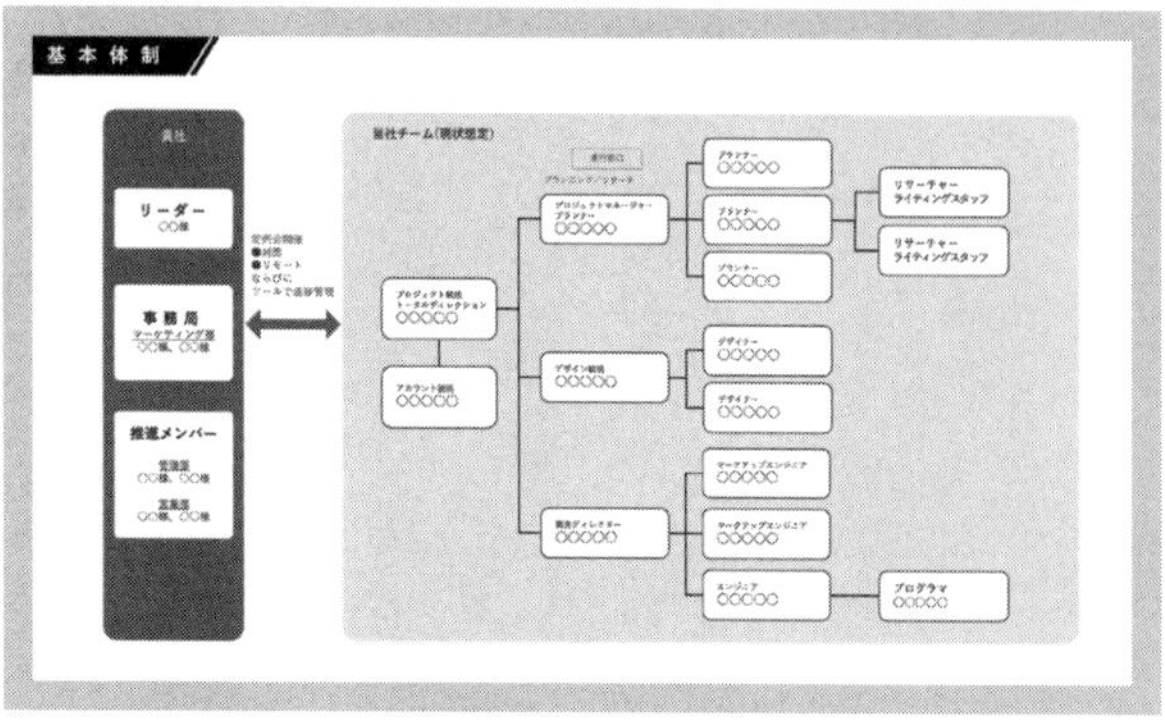

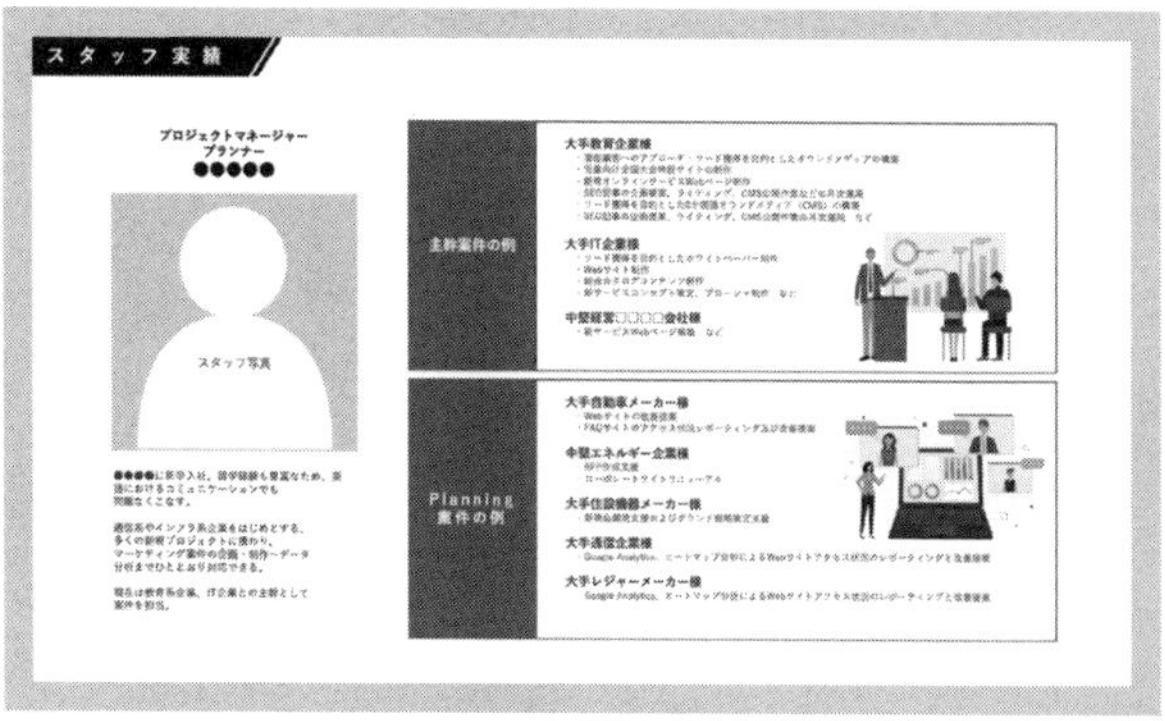

実行体制とスタッフシート

プロジェクトの実行体制とスタッフの役割を記載した例とスタッフシートです。参画するスタッフの実績（特にプロジェクトマネジャー）を問うクライアントも多いため、良い印象を残せるような資料作成が重要になります。

スキルアップのコツ（参考図書などは？）

プロジェクトマネジメントの方法論を理解されていない場合は、体系的にしっかり学んでおきたいところです。ＰＭＢＯＫ（ピンボック）に対応している本や動画がたくさん出ていますので、自分に合うものを探してみてください。

ただし、場数を踏んでいないのに知識だけ増やしてもなかなか腹落ちしないでしょう。キャリアが浅い人は、知識の前に小さなプロジェクトから一人で回してみてください。施策、タスクのワークフロー、ＷＢＳ（ワーク・ブレークダウン・ストラクチャ）、日別スケジュール、見積項目がすべて密接に結びついていることを理解し、徐々に大きな案件に関われるようになっていきましょう。

13章

プランニングフロー　ステップ8　予算を算出する

この作業の必要性（なぜやるのか？）

施策の実行計画に対して、どのくらいの費用がかかるのか？　は、クライアントの大きな関心事のひとつです。まずは概算としてでも施策案と一緒に提示しておかないと、クライアントも本腰を入れて検討ができません。また、このタイミングで予算を提出しておくのは、あなたのためにもなります。今後、どんな作業にどのくらいの費用が掛かりそうか？　見えない管理工数や外注コストが掛からないか？　これまで自分が経験したことのないようなワークの単価はいくらくらいなのか？　といったことを、細かな項目ごとに算出することで、想定外のリスクが表出することもあるからです。

一方で、提案の際（特に、聞き出し・気づかせ・シナリオ提案の各ジャブ提案まで）は、これから内容を詰めていくことになりますので、最初から細かく費用を出さないほうが得策です。提案を受けるクライアント側からは、「ノルマがあって、売り込みにきているのでは？」という目で見られてしまいますし、最初に提示した費用感に引っ張られて、内容の議論が広がらずに実施可否が決まってしまう可能性があるからです。逆に言えば、最初から費用感を先に伝えて、クライアントのやる気をはかるケースもあります。

主な作業内容（何をやるのか？）

●WBSに沿って費用を出す

仕事内容、仕事内容や期間を、アクションプランでまとめたWBSから抽出し、単価（自分の稼働や仕入れ額）、期間や個数などを掛け合わせて、費用を算出します。

なお、提案にかかった稼働分のコストは、企画費用として受注時に回収できるようにしたいところですが、クライアントに提案内容の企画の価値を認めていただけていれば、の話です。営業上の必要経費を細々と請求しようとすると、次から提案を受け入れていただけなくなりますので、提案経費をどこで回収するかはあなたの上長としっかりコンセンサスをとっておく必要があります。

●予算が決まっているとき

総予算がわかっているときは、予算に合わせて①仕事内容、②単価、③期間や個数の調整をしていきます。仕事内容などが細分化されていない見積書を提出しているケースも見かけますが、基本的にはしっかり項目を立て、クライアントの意向で、付け外しができるように設計しておくと喜ばれます。どうしても総予算をオーバーしてしまう場合は、どこまでが予算内で収まり、何がオーバーするのかを明確にし、その理由もお伝えします。

●条件をしっかり書いておくこと

見積条件の記載はマストです。後々「これは聞いていなかった」「こうしてもらえるものだと思っていた」と言われないように、きちんと記載しておきます。

またクライアント自らが、価格に合わせて必要な施策だけ行う場合、それによって変動するようなプロジェクト管理費用やディレクション費用などは、具体的にどのように変動するか（制作費用が半分になると、それらの費用も半分になるのかどうか）もあらかじめ伝えておきます。さらにイニシャルコストとランニングコスト、ボリュームディスカウントの可否などもわかりやすく記載しておくと良いでしょう。

作業のポイント（注意したいことは？）

●予算感がわからないとき

提案では、クライアントの予算感がイメージできないケースも多々あります。まず、クライアントにストレートに尋ねてみましょう。ポイントは、「こちらのご提案内容が、貴社が求めている費用感とズレてしまうと、提案も無駄になってしまいます。過去の同じようなケースでも結構ですので、だいたいどのくらいの予算感だと検討の余地がありそうかを教えていただけますか？」と聞いてみることです。

●松竹梅レンジをつくる

クライアントが予算を言わないときは、これから予算取りをするので本当にわからないということもありますが、あなたに予算を伝えることで、余計な施策が付いてきたり、こじんまりとまとまってしまったりすることを危惧しているから、という理由もあります。

こういったクライアントに対しては、前向きに検討いただけるよう、3つパターンを出す「松竹梅レンジ」がおすすめです。

①WBSを基に単純に積み上げます。おそらく、結構な金額になることが多いでしょう。
②クライアントの要望において外せない項目と施策アイデアにおいて外せない項目を出し、ここはマスト項目として、リスクヘッジを考えながらも（＝多少のバッファをみながら）、できるだけタイトに費用をまとめます。これが最も低価格な「梅」レンジです。
③次に、あなたの施策アイデアなどで、付加価値を出した施策を加えた費用については、「竹」レンジにします。
④その他に、クライアントにとって理想形といえるもの（機器のスペックを上げる、より

有名なキャストをアサインする……など）は、「松」バージョンとして提示します。

スケジュールがかなりタイトであったり、品質レベルが通常よりも高く求められたり、かなり細やかな進行管理が求められる場合は、別途オプション料金として提示しておくと良いでしょう。

アウトプットのイメージ（具体的には？）

金額の出し方は要注意です。クライアントの担当者の中には、提案時に見た概算費用がインプットされると、なかなかその金額から離れられないという方もいらっしゃいます。初回の提示額は、提案内容を今後具現化していく上で、足かせにならないか？（クライアント側の感覚からして、安すぎない／高すぎない）を周りのメンバーに聞いてみましょう。自分だけで見積もりをつくっていると、感覚がマヒしてしまうことがあります。周囲の方々の初見での意見を求め、クライアントに納得いただける費用の出し方を学びましょう。

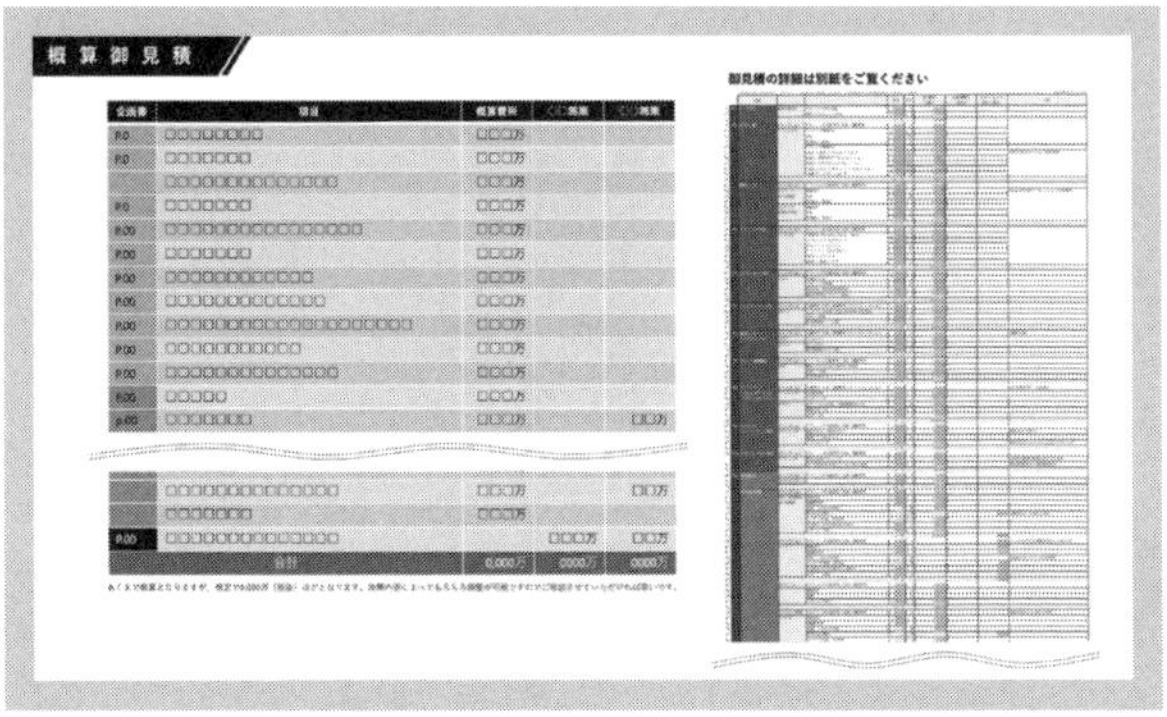

概算見積

今回のプロジェクトにおける費用の見積資料です。左側はフェーズごとにかかる項目の概算費用を記載し、大枠をつかんでいただきます。右側は便宜上小さくしていますが、詳細費用を記載し、別途見やすい詳細見積書を用意します。

スキルアップのコツ（参考図書などは？）

一般書籍では、ソフトウエア系の見積作成のものが数多く出回っていますが、具体的な見積もりの作成方法は、人日単位、ページ単位、成果物ベース、作業内容ベース、スキルベース……など、業界・企業や提供物によって異なりますので、なかなか一概に言えません。まずは、いま所属している組織で、大きめのプロジェクトの費用を一人で見積もれるようになることが肝要です。その後、転職する機会があれば、いろいろな見積方法があることを知ることになるでしょう。

14章

プランニングフロー　ステップ9　効果を予測する

この作業の必要性（なぜやるのか？）

クライアントは、必ず「費用対効果」を考えます。その施策をいくらで実施し、どんな成果が出せそうか？　その結果、どのくらいの利益が期待できるのか？　その理由は？ということを、施策内容によって短・中・長期的視点で検討します。同時にＲＯＩ（＝利益額を投資額で割った数値）を使って、過去の施策と比較して実施の可否も判断します。

あなたのアイデアに費用対効果が期待できれば、担当者はもちろんその部門長、さらに役員へと上申が早まりますので、必ず、自分が提案する「施策実施にかかる費用」と「想定の成果」と「その裏付け」を（わかる範囲で構わないので）提出したいものです。

ただし、初期段階の提案においては、費用対効果の数字を出すために時間をかけるのは避け、タイミングをみてスピーディな提案を心がけましょう。クライアントはあなたのアイデアをヒントに、自分が温めていたアイデアを加えて、新しい施策を生み出したり、あなたのアイデアを別の課題解決のヒントにしたいからです。何らかの効果が見込めそうであれば、まずは提案をしてみるという癖をつけましょう。

主な作業内容（何をやるのか？）

●結果までのプロセスを分解する

まず、与件にある「目的や目標」に対して、あなたが考えた施策がどのくらい寄与できるか？ を出してみてください。施策実行から成果に至るまでの数値化されたプロセスを辿っていけば予測はできます。

例えば、ゴールが営業パーソンの契約数である場合、集客母数（Ｗｅｂ＋個々人の新規開拓＋紹介）→資料請求などの次のアクションを起こす歩留まり率→電話アポ率＋メールの反響率↓キャンセル率↓折衝化率↓見積提出率↓キーマン交渉率↓契約率↓契約数となります。このように、結果の数値を算出するには、結果に至るまでの行動を熟知し、それぞれのおおよその数字を把握しておかなければなりません（この数値化されたプロセスの中でも重要なものはＫＰＩと呼ばれています）。

●裏の効果を出して付加価値を高める

「目的や目標」は、何かを生み出す（創造性の追求）か、何かを削減できるか（効率化や生産性の追求）のいずれかであることが多いはずです。例えば、

- 生み出すこと：認知や集客の数、問い合わせ数、購入数や金額、維持数や維持率、追加購入の額、良い口コミ数……など
- 削減できること：離脱率、離反率、仕入れや運用コスト、採用コスト、不満率、悪い口コミ数……など

があります。仮に「生み出すこと」を目的・目標としている場合は、「削減できること」といった裏の効果も考え、施策に付加価値を与えられないか？　を検討しておくと、あなたが考えた施策の評価が高まります。

●ＡｓＩｓとの比較表をつくる

①クライアントが現在（ＡｓＩｓ）実施している施策、②あなたが提案する施策、③仮に何も実施しなかった場合などを比較し、施策を行う意義をクライアント担当者にご理解いただけるように努めましょう。コンペの場合、この比較表をクライアントの比較検討基準に活用していただければ、勝率が高まるはずです。

作業のポイント（注意したいことは？）

●効果データを集めておく

効果を予測するには、同じようなケースの実績値をもっていることがとても重要になりますので、よく使うKPIは、日頃から実績値を意識してまとめておきたいところです。自分が関わった施策の成果だけでなく、業界のWeb記事、インタビュー記事、ツールベンダーや調査会社などが出している参考値、企業が公表している実例集、セミナー聴講や講師への質問やビザスクなどを使った直接インタビューから得られた情報など、見かけたらクリッピングしておきたいところです。仮に、それらのデータにしっかりしたエビデンスがなくても、何もないよりはましです。

●周りの人に試してもらう

どうしてもデータが見つけられない場合や、全く新しい施策のため過去の実績値が役立たない場合は、少人数で構わないのでトライアルしてみると良いでしょう。例えば、似たような施策のWebサイトなどを見てもらったり、モックアップをつくったりして、どのような行動を起こしたか？　なぜそういう気持ちになったのか？　などを語ってもらい数値化してみるのです。まわりのスタッフに手伝ってもらったり、簡易アンケートをとったりすることで、検討に値する数値は出てきそうです。実際は提案時にあわてて調べることが多くなりそうですが、できるだけ成果データはストックしておくと良いでしょう。

●クライアントに支援を仰ぐ

クライアントのほうでも実績値をたくさんもっているはずです。こちらで出せないところや怪しい数字はクライアントに相談してみても良いでしょう。効果算出のフレームワークに同意されているようなら、ご協力いただけるはずです。

アウトプットのイメージ（具体的には？）

施策効果のアウトプットは、施策立案のフェーズで描いた「全体像」や時系列でまとめた「施策のフロー図」を活用し、そこに各ＫＰＩを明記。いくつかの条件を決めて、想定数値を当てはめていく資料を作成することになります。日頃、運用系の案件に関わっているスタッフは、このような資料をまとめていることが多いため、数値内容も含めて彼らに尋ねてみると、資料作成のアドバイスをもらえるかもしれません。

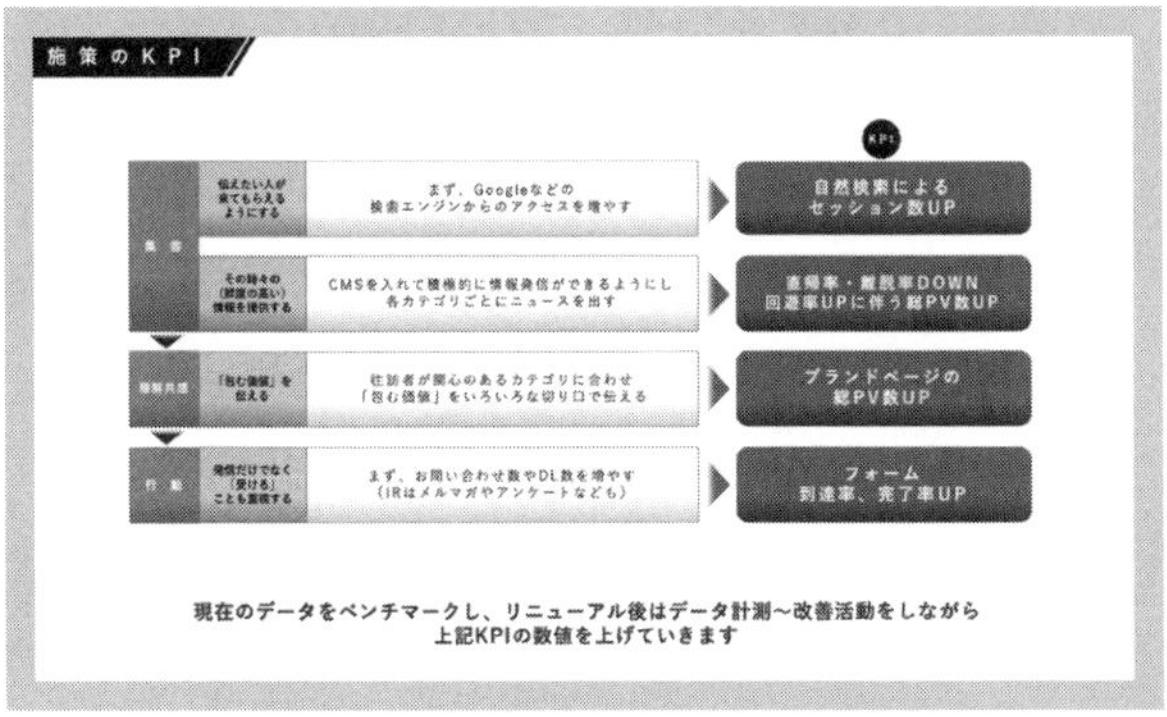

施策のKPI

目的ごとの施策とそれぞれのKPIを提示し、今後は、それらのKPIをどのように計測して改善活動の運用をしていくのかまで言及していきます。

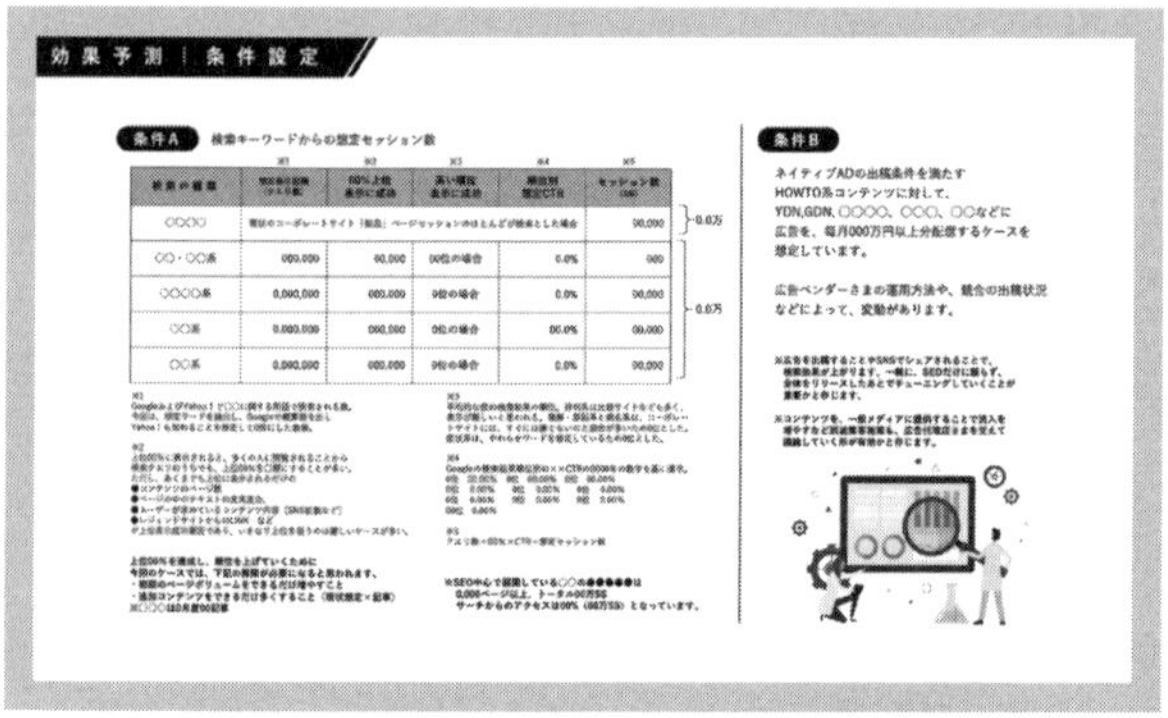

シミュレーションの抽出条件

あなたがわかる範囲で、いくつか条件を変えて、施策ごとにかかるコストと見込まれる成果額を概算で算出していきます。見込まれる売上以外に施策実行のその他のメリット（例えば、ブランド理解、社員モチベーションアップなど）もあわせて記載しますが、数字が明確に記載できないあいまいなものは、あまり好まれません。

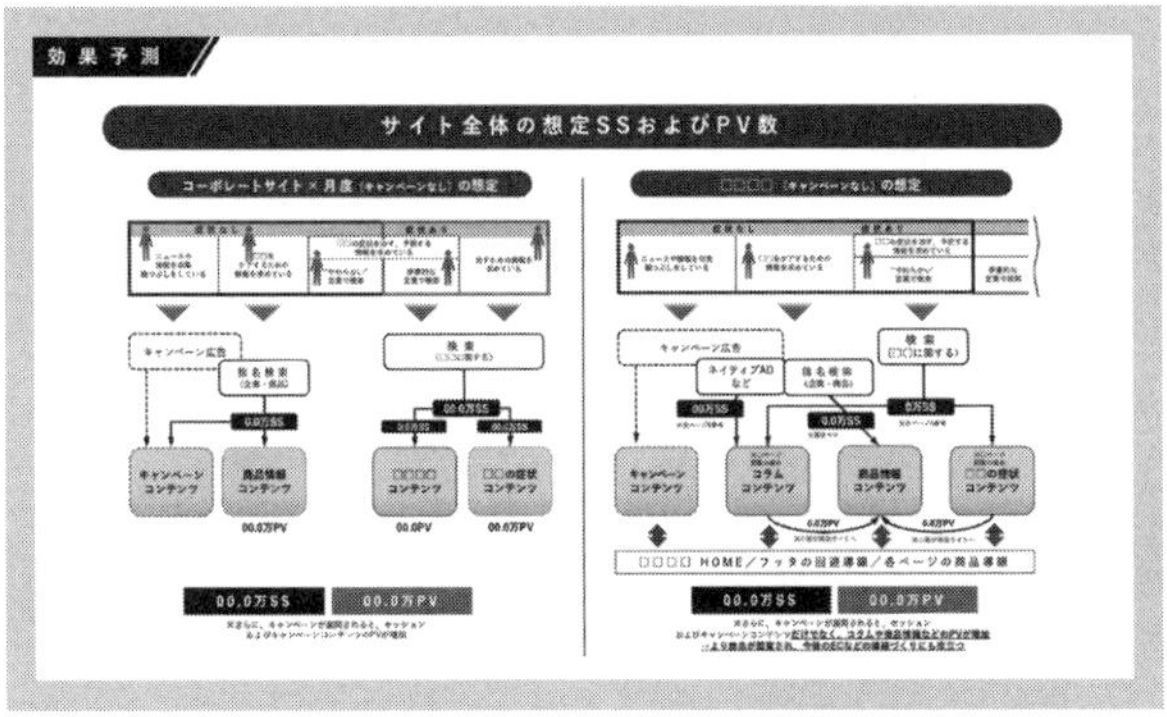

施策のシミュレーション値

KPIに沿って、施策の効果をサイトのセッション数およびPV数で算出した例です。現状ならびに過去実績、業界標準などの数値を基にシミュレーションしています。

スキルアップのコツ（参考図書などは？）

　このワークでは、「販売促進キャンペーンのクライアントや企業担当者、裏側で動くデータのフロー図」が描ける、「システム構成図」が描ける、「いろいろな作業を分解し、次の工程に進めるための指標」を設定できる、「高評価を得るための要素」を数値化できる……といった、分解力・構築力のようなスキルが必要です。苦手意識のある方は、日頃から物事を分解して考えるトレーニングをしましょう。ロジックツリーを活用して分解図を描くことに慣れていくことをおすすめします。

　一方で、どんなＫＰＩがあるか？　を知っておくことも重要です。経営やマーケティングなどのビジネス視点でのＫＰＩに関する書籍は複数出版されていますので、検索してみてください。

15章 提案書として整える

フルセットの提案書

これまでご紹介してきたプランニングフローの全ステップをしっかり考え、初回提案時からフルセットの提案書をクライアントに提示するケースは、

- 受注額が高いコンペ
- どうしても受注したい案件

に限られます。

前編で記載したような初期段階の提案は、必ずしもプランニングフローの全ステップを活用するわけではなく、一部のステップを抜き出して使います（P118を参照）。しかし、ジャブ提案を経て、いよいよ本提案をする際にはフルセットの提案書が求められます。

このように、プランニングフローの各ステップは、さまざまなケースで使われますので、提案に強くなりたいコンサルティング営業・企画担当者は、全体を理解し、必要に応じて各ステップを抜き出して活用できるようにしておきましょう。

もちろん、プランニングフローは、案件として受注するようなコンサルティングプロジェクトにも応用できますので、覚えておいて損のない、極めて汎用性の高い考え方です。コンサルティング営業の提案だけでなく、マーケティングプランナーやイベントプランナー、ウェディングプランナー、その他企画と名の付くどんな職種にも活用できるはずです。

提案書のシナリオづくり

さて、実際の提案の現場に目を向けると、プランニングフローのステップ順にプレゼンすることはありません。クライアントの欲しい情報が効果的・効率的に伝わるよう、順序を入れかえたり、ストーリー（提案シナリオ）を考えたりして、わかりやすいプレゼン資料としてまとめ直していきます。参考までに「実際に提案するときの例」として、よくある提案書の流れをご紹介しましょう。

①与件の整理
- 問題や原因なども併せて整理し、きちんと理解していることをアピールする

②施策コンセプト
- 「提案のポイント」として、この資料の視座を共有し、目線を合わせる
- 課題をキャッチーに言い換え、次の施策に期待をもたせる

③施策
- 施策の全体像を提示した上で、複数の内容を紹介し理性に訴える

④施策のデザイン
- ラフではあるものの、具体的なかたち（デザイン）にして感情にも訴える

⑤効果予測
- 先に効果を伝え、施策内容の価値を上げる

⑥アクションプラン
- 施策は実現できそうだと安心していただく

⑦予算と効果予測
- 見積もりと効果（例えば、問合せ1件あたりの獲得単価など）を提示し、判断を仰ぐ

……というかたちになります。繰り返しになりますが、必ずしもプランニングフローの頭のステップから順にまとめるわけではありません。むしろ、クライアントが最も聞きたい施策から伝えていけるように情報編集をしています。

伝わりやすい提案書としてシナリオをつくる

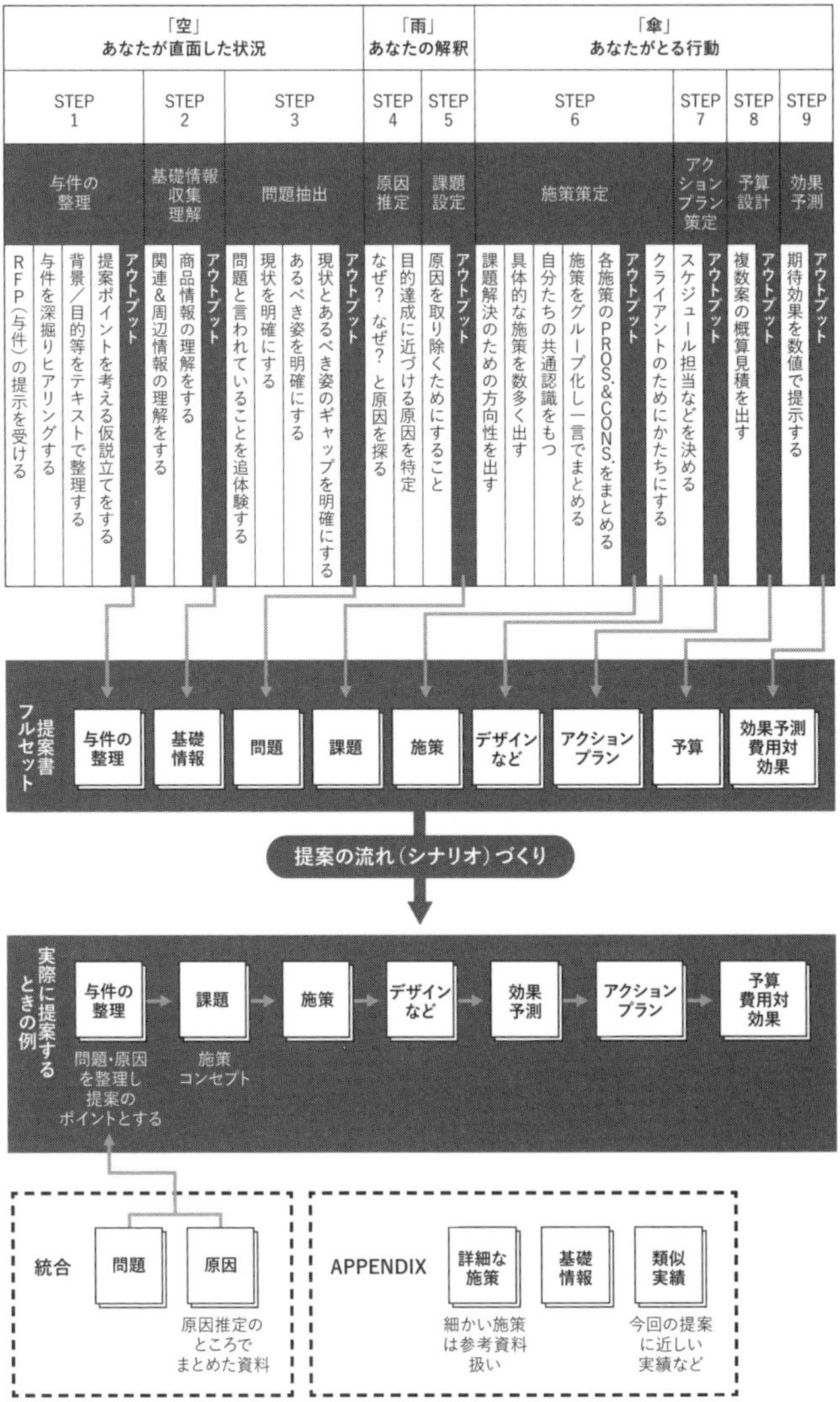

1人ランスルーで、シナリオを精緻化

提案のシナリオづくりには、プレゼンテーション当日を想像しながら、「こうすれば、クライアントに納得いただけるかもしれない」とあなたが自信をもてるまで、最初から幾度も幾度もページ構成を組み替えていく地道な作業が必要です。いわば、1人ランスルー（本番と同じ環境のリハーサル）とでもいえるでしょう。

「伝えたいことの半分も伝わらない」ということを念頭に、本当に伝えたいことやその裏付けを主要なシナリオに残し、あとは思い切ってＡＰＰＥＮＤＩＸ（付帯資料）に回しましょう。ここで手を抜いてしまうと、せっかくのアイデアもうまく伝わりませんので、ぜひ時間をかけてシナリオを組み上げてください。慣れてくると、資料をつくりながら1人ランスルーができるようになります。

チーム・ランスルーで、内容とシナリオの感想を聞く

社内のメンバーをランスルーに呼んで、あなたの提案内容を聞いてもらい、初見でわかりにくいところなどを指摘してもらいましょう。褒められれば自信にもなります（チームの方はダメ出しばかりでなく、ぜひ褒めてあげてください）。

ポイントは、完全に資料ができてからチーム・ランスルーをするのではなく、提案を考えている途中で少しカタチにできたら、「こういう提案をしたいのですが、ちょっと聞いてもらえます？」と、壁打ち感覚で行うことです。粗い段階だからランスルーをしてはいけないというルールはありません。提案書の全体がボンヤリとまとまったら、積極的にチームに声がけしましょう。

スライドのつくり方、提案の仕方

後編ではプランニングフローを通じて、提案書の中身についてお話ししてきました。プレゼンテーションの組み立てについては、高田貴久さんのロングセラー『ロジカル・プレゼンテーション』（英治出版）がとても参考になると思いますので、この機会にぜひご一読ください。さらに付け加えるなら、実際のスライドや紙のレイアウトの方法は？　初見でわかりやすいデザインは？　リモートの場合とリアルな打ち合わせでどうつくり分ける？　提案の当日は？　提案後のアクションは？　……など受注に向けて、さまざまなノウハウをお伝えしたいのですが、本書の趣旨から外れてしまいますので、このあたりは既刊書やＷｅｂサイトの記事に委ねるとします。デザインについては、高橋佑磨氏・片山なつ氏『伝わるデザインの基本―よい資料を作るためのレイアウトのルール』（技術評論社）をマスターできればＯＫでしょう。

おわりに

吉澤浩一郎

かれこれ20年近く前になりますが、私は以前勤めていたデジタルマーケティングの支援会社において、営業担当者からの依頼で新規クライアントへの提案やコンペなどの企画を考える部署のリーダーをしていました。あるとき、部下から「吉澤さんは昨年、提案書をいくつ書いたか知ってます？」と聞かれたことがあり、「50～60くらいかな？」と返したところ「150以上ですよ！」と言われて、ビックリ。週3ペースで大手企業に向けて大小何らかの提案書を書いていたのか……と、自分の稼働時間だけでなく、依頼してきた営業スタッフのリード獲得数にも驚愕しました。

ただ、残念なことに実際に受注できた案件は、最初のヒアリングから私が同席したものがほとんどでした。営業から聞いた内容だけで企画書を書いて、私がプレゼンしても、失注が続きました。そこで、営業担当者やプランナーを集めて「提案塾」という勉強会を始めたのが、私が本格的に提案のフレームワークに取り組むキッカケです。クライアントが課題を提示するもっと前から、こちらでアプローチしていくような仕事のスタイルをつくらないといけないと思ったのです。その「提案塾」に参加していたのが、当時の同僚で現在、シンクジャムの代表をしている国本智映でした。

現在でも、当社社員には、当時の「提案塾」よろしく「プランニング研修」という提案書作成のフレームワークを学んでいただく時間を設けていますが、年を追うごとにいろいろな成功体験も得られるようになり、今回、共著者となった山口の年次の研修時に、書籍にまとめてみようという話になり、本書制作に至りました。

営業やプランニングの第一線で活躍されている方々は、ここで記載されたフレームワークは空気のようなもので、その他にもさまざまな営業ノウハウを身につけておられます。特に、クライアント側のパーソナリティと自分のパーソナリティを考慮して、どのようにアプローチしていけば受注できるのか？　というハウツーは、非常に重要なもののひとつです。今回は全体の構成上、そこまで踏み込めませんでしたが、「人」と「人」の関係から生まれる提案業務においては、忘れてはいけないポイントです。

山口華乃
※主に調査設計・分析／フレームワーク精査／提案書分析／事例説明やコラムのベースライティングを担当

本書の制作を通して、提案の本質とは何か、そしてどのように提案を進めるべきか、という点について私自身も深く学ぶことができました。私のようなキャリアの浅いマーケティングプランナーや営業の方にとっても、クライアントへの提案を考える際に参考にできるノウハウが詰まった内容になっています。「クライアントを満足させたい」「名指しで提案を依頼してもらえるようになりたい」とお考えの方にとって、本書が有効な手引きになることを願っています。

石井香帆
※主に後編のベースライティングを担当

本書は、提案のプランニングをする際に参考にしていただく、社内研修資料としてご活用いただく……といった利用シーンを想定しています。特に後半のプランニングフローについての箇所は、提案に関してキャリアがまだ浅い方、体系的に学んだことがない方に向けて書かれた内容ですので、ぜひ知識の整理にお役立ていただければと思います。またマネジャークラスの方は、後進の育成に力を注いでおられるかと思いますので、カリキュラムの拠り所としていただければ幸いです。

本書で一部紹介した提案書を実際に書いている、荒井勇人をはじめとするシンクジャムのメンバーやこれまで長年に渡り提案をさせていただいているクライアント企業の皆様や私たちの提案に付き合っていただいているパートナーの方々には、感謝の言葉に尽きません。今後とも、どうぞよろしくお願いいたします。そして、遅筆な我々の原稿を待っていただいた編集の大沢さん、工藤さんありがとうございました。

[著者略歴]
吉澤浩一郎（よしざわ・こういちろう）
株式会社シンクジャム 取締役CEO
新卒でマーケティングの企画支援会社へ。大手企業と直接仕事する環境に恵まれる。IT系企業に転職をし、デジタルの波で仕事やクライアントの担当者が変わっても、30年にわたりコンスタントに受注。シンクジャム共同設立後も、スタッフと共に不動産、自動車、金融、医療、建機、インフラといった高額商材やITを中心としたB2Bの成約型商材を中心にリピート受注をしている。

山口華乃（やまぐち・はなの）
株式会社シンクジャム マーケティングプランナー
議論内容を咀嚼し、一歩進んだアイデアを拡散できることを強みに、コンテンツ制作などさまざまな案件に関わる。今後の目標は、戦略立案から提案に関わり案件を一気通貫で遂行すること。趣味は週1で通うサウナ。

石井香帆（いしい・かほ）
株式会社シンクジャム マーケティングプランナー
まだかたちが見えない、ボンヤリした課題に対する提案を得意とする。次の目標は提案後のコンテンツ制作、プロジェクト管理も行う「多能工型」のマーケターとして成長すること。猫との同居が始まり、猫に在宅勤務を命じられることも。

「また、あなたに頼《たの》みたい」と
言《い》われる提案《ていあん》のしかた

2024年6月1日　初版発行

著　者　吉澤浩一郎／山口華乃／石井香帆

発行者　小早川幸一郎

発　行　株式会社クロスメディア・パブリッシング
〒151-0051 東京都渋谷区千駄ヶ谷4-20-3 東栄神宮外苑ビル
https://www.cm-publishing.co.jp
◎本の内容に関するお問い合わせ先：TEL（03）5413-3140／FAX（03）5413-3141

発　売　株式会社インプレス
〒101-0051 東京都千代田区神田神保町一丁目105番地
◎乱丁本・落丁本などのお問い合わせ先：FAX（03）6837-5023
service@impress.co.jp
※古書店で購入されたものについてはお取り替えできません

印刷・製本　株式会社シナノ

ISBN978-4-295-40955-7　C2034